龟兔赛跑经济学

给孩子的
32堂《伊索寓言》财商课

[韩]徐铭洙 著 [韩]李东铉 绘
袁少杰 译

河北科学技术出版社
·石家庄·

이솝우화로 읽는 경제 이야기 (Economic Stories Told in Aesop's Fables)
Copyright © 2012 Text by 서명수 (Myung-su Seo 徐銘洙)
All rights reserved.
Simplified Chinese translation Copyright © 2023 by BEIJING UNITED CREADION CULUTRE MEDIA CO.,LTD.
Simplified Chinese language edition is arranged with EK Book Inc. through Eric Yang Agency, Inc.
版登号：03-2023-177

图书在版编目（CIP）数据

龟兔赛跑经济学：给孩子的32堂《伊索寓言》财商课 /（韩）徐铭洙著；（韩）李东铉绘；袁少杰译. -- 石家庄：河北科学技术出版社，2024.2
ISBN 978-7-5717-1875-6

Ⅰ. ①龟… Ⅱ. ①徐… ②李… ③袁… Ⅲ. ①经济学－儿童读物 Ⅳ. ①F0-49

中国国家版本馆CIP数据核字（2024）第039261号

龟兔赛跑经济学：给孩子的
32堂《伊索寓言》财商课
GUI TU SAIPAO JINGJIXUE: GEI HAIZI DE
32 TANG《YISUO YUYAN》CAISHANGKE

［韩］徐铭洙 著　［韩］李东铉 绘
袁少杰 译

责任编辑：李　虎	经　销：全国新华书店
责任校对：徐艳硕	开　本：880mm×1230mm 1/32
美术编辑：张　帆	印　张：5.75
装帧设计：王颖会	字　数：98千字
封面设计：赖宇杰	版　次：2024年2月第1版
出　版：河北科学技术出版社	印　次：2024年2月第1次印刷
地　址：石家庄市友谊北大街330号（邮编：050061）	书　号：978-7-5717-1875-6
印　刷：三河市信达兴印刷有限公司	
定　价：59.00元	

版权所有　侵权必究
如发现图书印装质量问题，请与我们联系免费调换。客服电话：010-88843236

前言

曼昆经济学

美国著名经济学家、哈佛大学经济学教授格里高利·曼昆的著作《经济学原理》作为经济学教材非常有名，几乎世界上所有学习经济学的学生都读过。这本书的特点是通过各种生活事例和新闻报道，来解释和说明经济学的10大原理，将经济现象解释得通俗易懂。这些知识都可以在本书中学习到。

我们来初步了解一下曼昆解释的经济学基本原理有哪些吧！

1. 人们会对激励做出反应。——《让乌鸦歌唱的狐狸》

2. 所有的选择都是有成本的。——《是捕猎兔子还是捕猎鹿呢》

3. 选择的成本是为了得到它而放弃的任何东西。——《饥饿的野驴和吃饱的家驴》

4. 合理的判断是有限度的。——《一只狮子如何猎杀三头公牛》

5. 自由交易让每个人都能从中受益。——《竖琴演奏者的故事》

6. 一般来说,市场是组织经济活动的一种好手段。——《强壮的马和没力气的驴》

7. 在某些特定情况下,政府可以改善市场效果。——《在桥上丢了肉的狗》

8. 一个国家的生活水平取决于该国的生产能力。——《徒劳的乌鸦》

9. 如果政府发行的货币量过多,物价就会上涨。——《一只吃饱的狐狸的悲伤》

10. 短期来看,通货膨胀和失业之间存在冲突关系。——《忌妒春天的冬天》

《伊索寓言》是经济学老师

　　《伊索寓言》中有许多机智、幽默、出人意料的反转情节和悖论,在进行道德警示的同时,也教给我们各种智慧。我们可以通过《伊索寓言》揭示的人性的愚蠢和弱点,吸取故事中的教训,将经验运用到自己的生活中。也许正因如此,《伊索寓言》在长达2600多年的时间里,一直备受人们喜爱。

　　人们总认为《伊索寓言》只是寓言故事,但事实并非如此。《伊索寓言》中也包含有关成人为人处世的内容。在本书中,我会从经济学角度为小朋友们解读《伊索寓言》。

　　在寓言《饥饿的野驴和吃饱的家驴》中,野驴刚开始羡慕并忌妒可以享受美食的家驴。但是野驴很快就发现,家驴吃美味食物的代价是挨主人的鞭子以及搬运沉

重的行李,就得到了"世界上没有免费的午餐"这个教训。这句话可以进一步总结如下:

1. 因为所有的经济行为都有成本,所以会产生选择;

2. 这个选择要合理,满足感(收益)必须大于成本;

3. 这就是经济的第一原则。

而在寓言《杀死心爱的母鸡》中,农夫为了加快母鸡的下蛋速度,给母鸡吃了过多的食物,结果母鸡过度肥胖,不健康的身体下不出又大又好的鸡蛋,这在经济学中被称为边际效应。理解这一原理,懂得过犹不及的道理,可以帮助小朋友合理地安排时间。

一切事物和现象,只要知道基本原理,就很容易理解。在经济学中,打好基本功也很重要。有人说,没有什么比经济理论更复杂、更难懂。其实,只要掌握几个基本原理,就可以轻松理解经济学。让我们感到头疼的经济学并不是只能坐在书桌前学习的老掉牙的学问,而是可以引导人们合理、高效生活的实用知识。因此,包含生活的智慧和对人类的洞察力的《伊索寓言》,也可以成为学习经济学的绝佳教材。希望本书能为对经济学感兴趣的小读者开辟一条新的学习道路。

徐铭洙

目录

第1章 经济学的基本原理

- 3　饥饿的野驴和吃饱的家驴
  - ▶ 选择和成本是经济学的核心
- 7　口渴的狮子和野猪的搏斗
  - ▶ 稀缺性是经济活动的动机
- 12　是捕猎兔子还是捕猎鹿呢
  - ▶ 机会成本是衡量经济性的晴雨表
- 17　一只狮子如何猎杀三头公牛
  - ▶ 最小成本 + 最大收益 = 合理选择
- 23　狮子和狼的食物之争
  - ▶ 保护私有财产的好处
- 28　成为废墟的玫瑰花园
  - ▶ 公有财产需要共同爱护
- 33　竖琴演奏者的故事
  - ▶ 通过健康竞争实现发展
- 39　蝙蝠、荆棘和海鸥一起做生意
  - ▶ 分工引发了工业革命
- 45　肠胃和腿的奇妙关系
  - ▶ 互相帮助的互补品

第2章　推动世界运转的钱

53　赫耳墨斯雕像多少钱
▶ 推动市场的力量——价格

58　杀死心爱的母鸡
▶ 边际效应
▶ 边际效应为零时最满意

64　下金蛋的鹅
▶ 不要被利息蒙蔽而丢掉本金

69　蚂蚁和纺织娘
▶ 消费会刺激生产

74　把金条埋在地里的吝啬鬼
▶ 钱能生钱

79　小岛上的两只屎壳郎
▶ 风险和收益成正比

85　石榴树、苹果树与橄榄树之争
▶ 通过比较优势实现经济共赢

90　农夫埋在葡萄园里的宝藏
▶ 必须努力劳动

你为什么不提前准备好粮食呢?

第3章 经济的两面性

97 一只吃饱的狐狸的悲伤
▶ 使经济动荡的通货膨胀

103 公牛与青蛙
▶ 泡沫经济——一种虚高的价值

107 在桥上丢了肉的狗
▶ 消费主义文化导致的相对贫困

112 龟兔赛跑
▶ 导致市场失灵的垄断

117 徒劳的乌鸦
▶ 丢了西瓜拣芝麻的行为

121 在猫脖子上挂铃铛
▶ 无人负责的"搭便车行为"

126 狐狸和丹顶鹤请客
▶ 高价购买不好的东西

132 偷马食的马夫
▶ 道德风险导致长期损失

第4章 生活中的经济学故事

139　狐狸和葡萄
　　▶ 通过选择和集中形成特色优势

143　狼来了
　　▶ 信任就是金钱

148　背着佛像自鸣得意的驴
　　▶ 超级明星身价高的原因

153　让乌鸦唱歌的狐狸
　　▶ 鼓励生育政策与经济激励

157　忌妒春天的冬天
　　▶ 像季节交替一样循环的经济

161　强壮的马和没力气的驴
　　▶ 伴随经济发展而来的贫富差距

167　跳进水里的兔子和青蛙
　　▶ 追求幸福的经济学

饥饿的野驴和吃饱的家驴 ●选择和成本
口渴的狮子和野猪的搏斗 ●稀缺性
是捕猎兔子还是捕猎鹿呢 ●机会成本和沉没成本
一头狮子如何猎杀三头公牛 ●最小成本和最大收益
狮子和狼的食物之争 ●私有财产
成为废墟的玫瑰花园 ●公有财产
竖琴演奏者的故事 ●"看不见的手"
蝙蝠、荆棘和海鸥一起做生意 ●分工
肠胃和腿的奇妙关系 ●互补品和替代品

第1章

经济学的基本原理

饥饿的野驴和吃饱的家驴

经济学没有"免费的午餐"

一头野驴住在崎岖不平的山地上。它整天四处游荡，过着自由自在的生活。然而，它面临着生存问题，例如有时会被那些可怕的猛兽追赶而必须拼命奔跑；或者吃不到足够的食物，只能饿肚子。

一天，这头野驴到附近的村庄寻找食物。村里的一处牧场中，一头家驴在暖烘烘的阳光下，悠闲地吃着草。家驴的样子看起来非常幸福、满足。野驴羡慕地看着家驴，说："你不用到处寻找食物，还能在牧场里敞开肚皮吃这么新鲜的草，一定超级幸福吧？"

家驴听了野驴的话，头也不抬，只顾继续吃草。野驴没有吃到足够的食物，腹中饥饿，低头看了看自己瘦骨嶙峋的腿，走到树荫里，想让疲惫的身体休息一下。

可就在这时，不知道从哪儿突然冒出了一个可怕的农夫，粗鲁地把还在吃草的家驴从牧场上拖了出来。家驴还没有吃够，走得有些犹豫。农夫用鞭子狠狠地抽打家驴肥壮的屁股，还在它背上放了很多重物。

野驴在旁边看到这一幕，吓得直哆嗦，磕磕巴巴地说："啊！我……我可不羡慕家驴了。它虽然吃得舒服，可这是

用挨鞭子为代价换来的。"

野驴和家驴的故事告诉我们,一切都是有代价的。从家驴的生活中我们可以看出,世界上没有什么是免费的,它必须努力工作,不能游手好闲。

人类的欲望是无限的,可是满足欲望的条件是有限的。例如,金钱和时间等资源都是有限的。为了得到你想要的东西,你必须付出一定的代价。

这个过程可以称为"经济活动"。经济活动的核心在于"选择",而且总是要为选择付出代价。

▶ 选择和成本是经济学的核心

为选择付出的代价在经济学中被称为"成本"。成本分为有形的和无形的两种。经济学家套用谚语"天下没有免费的午餐",提出了"经济活动中没有免费的午餐"这个说法。

经济活动总是有成本的,这一点非常重要。就像学习英语必须先学习字母表一样,这一点是学习经济学必须知道的基本知识。

比起吃着野外无边无际的野草生活的野驴，家驴为了获得舒适的环境和美味的食物而"工作"的生活更接近经济活动。想通过经济活动获得收益，就要先做出理性的选择。

家驴从安全的环境和美味的食物中获得的满足感很大，因此选择背着重担、忍受被鞭打的痛苦。否则，它就会从主人那里逃走，生活在有可怕的野兽出没的山中。

知识加油站

天下没有免费的午餐

故事要从美国西部拓荒时期说起。据说，那时美国西部的酒吧通常会为经常来喝酒的老顾客提供免费午餐。于是，人们认为酒吧的午餐是免费的。但是，有一天，一位没怎么喝酒的顾客结账时发现自己的午餐居然也收了钱。人们恍然大悟，哪里有什么"免费的午餐"呢？

口渴的狮子和野猪的搏斗

引发冲突的稀缺性

那是一个烈日炎炎的夏天,疲惫不堪的狮子和野猪为了寻找清凉的水,来到了水池边。水池里的水像水晶一样清澈、凉爽。但是,这个水池太小了,两只体形庞大的动物无法一起在这里喝水。

于是,狮子咆哮着对野猪说:"你这头脏兮兮的野猪,快从水池边闪开!让我先喝水!"

但是野猪完全不听它的,也吼着说:"你说什么?你最好在一边乖乖地等我喝完!"

它们都想先喝水,最后大打出手。

狮子用锋利的牙齿和爪子攻击野猪,野猪用坚硬的獠

经济学中的基本原理

牙与狮子展开了激烈的搏斗。

它们搏斗了半天,都忘了自己十分口渴,而且早就找到了水池。它们打得筋疲力尽,只得暂时停止搏斗。突然,它们抬头望向天空,发现一只秃鹫正在头顶盘旋,只等它们搏斗到累死。

这时,狮子和野猪才清醒过来,它们为了谁先喝水而

水池太小了,不能同时喝。

搏斗，差点儿被秃鹫杀死。狮子气喘吁吁地对野猪说："与其这样战斗下去，最终成为秃鹫的食物，还不如我们轮流喝水。"

"是啊，你说得对极了。"野猪说道。

人们为了得到自己想要的东西，总会发生矛盾和斗争。不是每个人都能得到他们想要的东西。人之所以战斗、竞争，是因为人的需求是无限的，但能够满足需求的对象（商品、服务等）是有限的。这种有限的东西具有的价值，在经济学领域被称为"稀缺性"。这种稀缺性是由人类的需求造成的。如果商品或服务能够满足人们的需求，经济活动就不可能发生。因此，稀缺性是经济活动发生的一个重要原因。

▶ **稀缺性是经济活动的动机**

现在来看看稀缺性和价格的关系。如果稀缺性高，价格就贵。如果将同等数量的钻石和黄金进行比较，埋藏量较少的钻石可能值数千万元，但黄金可能只值数万元。

即使是同样的东西，根据使用它的人所处的环境不同，价格也会有所不同。在非洲和北极，毛绒帽子的价格肯定不一样吧？首尔和撒哈拉沙漠的矿泉水价格、热带地区和极地地区的冰箱价格也必然是不一样的。

你可以想象以下情况：假设一个岛国有100棵香蕉树和10棵椰子树，那么哪个更稀缺呢？单纯从数量上看，只有10棵的椰子树更稀缺。但如果这个岛国的人主要以香蕉为食，而香蕉树的数量远远不够，那么100棵香蕉树的稀缺性就高于只有10棵的椰子树。

所谓稀缺性，就是指特定情况下，人们的需求之间存在差异，是一个相对的概念。

在经济活动中，稀缺性带来了很多问题。以石油为例，过去石油主要被用作燃料。但现在，石油不仅被用于制造化学产品，还被用于制造各类生活必需品。因此，我们需要更多石油。

但是，即使想买石油的人很多，也不可能生产出那么多石油——石油的量是有限的。最终，石油的价格一天比一天高，石油也会有枯竭的那一天。石油涨价归根结底在于石油的稀缺性。

石油的稀缺性越高，人们就越会想办法寻找和开发替代能源，例如核能、风能和潮汐能。这些替代能源缓解了石油稀缺这个问题，有助于稳定石油价格。

在解决稀缺性问题的过程中，生产技术也得到了很大的改进。人们找到了很多方法，以最大限度地利用有限的资源，并花费更少的时间。这促进了新技术的开发，为经济发展做出了巨大贡献。

就像这个狮子和野猪的故事一样，解决稀缺性问题的最好方法是每个人都做出一点儿让步。如果狮子和野猪继续为谁喝更多水而搏斗，它们最终都有可能成为秃鹫的食物。

是捕猎兔子还是捕猎鹿呢

什么是机会成本

一只狮子上了年纪,不能像年轻时一样身手矫健地打猎。这只狮子为了寻找猎物,已经在草原上转悠了一整天。一直抓不到猎物的狮子很疲惫,跑到树荫下休息。碰巧有一只兔子在树荫下睡得正香。

"兔子竟然在这里睡觉!"

狮子遇到了意料之外的幸运事件,竟然有些不知所措。为了能捕捉到兔子,狮子蹑手蹑脚地爬了过去。但就在这时,它又发现一只鹿在离它很近的地方吃草。

"这又是什么?居然是我最喜欢的鹿!"

鹿没注意到狮子就在旁边。

遇到另一件意料之外的幸运事件，狮子犹豫了好一会儿，不知道到底该捕猎兔子还是鹿。兔子看起来睡得很沉，应该很容易抓到；鹿体形较大，可以让狮子吃得更饱。狮子哪个都舍不得放弃。

"既然这样，我应该捕猎又大又美味的家伙。"

狮子这么想着，丢下了睡梦中的兔子，飞快地向鹿跑去。老狮子用尽全力去追鹿，但因为鹿奔跑的速度很快，所以最后没抓到它。

无奈之下，狮子放弃了捕猎鹿的念头，向那棵树走去，本来在睡觉的兔子却不见了。原来它听到了狮子和鹿的脚步声，被惊醒了，早就逃走了。

有时，人类的行为跟这只狮子很像。比起眼前的小利益，更容易被更大的利益诱惑，出现连比较容易到手的东西都没有得到，最终十分后悔的情况。

我们在前面的故事中学到，选择问题从根本上看是稀缺性造成的。经济活动是一系列选择，而选择就意味着要放弃其他东西。

就像狮子一样，当你必须在兔子和鹿之间做出选择时，一定要仔细权衡，选择对你更有好处的那一个。如果狮子仔细想想，它肯定追不上鹿，然后立刻采取行动，至少可以捉到兔子。

在做出选择时，我们必须考虑机会成本。机会成本就是为了做某个选择而放弃的其他选择可能带来的价值，是一个非常重要的经济学概念。

▶ 机会成本是衡量经济性的晴雨表

机会成本原理也会影响我们的日常活动。假设一个朋友花50元请你吃了一顿午餐。这顿午餐的机会成本是这位朋友放弃的其他东西，比如放弃看一场电影，因为他用本来可以用来看电影的钱买了这顿午餐。

如果这位朋友原本计划用这笔钱买一本书，那么这顿午餐的机会成本就是一本书的价格。但是，如果你忘记了约定，没有去吃午饭，他不仅会损失午餐钱，还会损失买一本书的钱，也就是午餐钱加上机会成本的总和。也就是说，他遭受的经济损失是100元，即50元的午餐钱加上50元的机会成本。

> 知识加油站

沉没成本

沉没成本是指已经付出，无法收回的成本，例如购买了一张不可退改的机票，但没赶上飞机，那么机票钱就是沉没成本。经济学告诉我们，在做任何新选择时，不要执着于之前付出的沉没成本。因为它是与机会成本完全相反的概念，会引导你做出错误的决策。其实，沉没成本等同于机会成本为零。

例如，我去电影院看电影，我买了票，还买了爆米花和可乐，但是电影没有想象中那么有趣，本来想悄悄地走出去，又觉得买票的钱太可惜。

从经济学理论上讲，立即离开电影院，去做自己喜欢的事是个很明智的选择，因为买票花的钱已经无法收回。一开始我的成本只是票价，如果舍不得离开，那么成本就会变成票价加白白浪费的2小时。

一只狮子如何猎杀三头公牛

如何用最小的成本获得最大的收益

三头公牛原本和睦地生活在森林里。附近住着一只狮子。狮子想吃掉公牛,平日里"狮视眈眈",伺机而动。但是,公牛总是一起行动,狮子无法同时对付它们三个。

如果它靠近某头公牛,准备捕猎,另一头公牛就会冲过来,拼命用角顶它;而当它攻击这头公牛时,其他公牛又会冲过来。

狮子想,最好不要攻击集体行动的公牛,而是挑拨离间,分别攻击它们。于是,狮子去找公牛们搭讪。

"公牛们,你们谁是这个世界上最强壮的公牛?"

三头公牛都说自己是世界上最强壮的公牛。

狮子刚一走，公牛们就开始争吵，都说自己才是最强壮的。公牛们互相用角顶撞，展开了激烈的战斗。

这三头公牛力量相当，战斗自然不会轻易地结束。跟狮子计划的一样，公牛们的关系变得很糟糕，它们不再一起行动。伺机而动的狮子终于可以放心地一头一头吃掉公牛。

这个故事中的狮子非常有经济头脑。如果只靠蛮力攻击牛群，它可能会受伤。虽然一头公牛打不过狮子，但如果三头公牛同时扑过来，哪怕是动物中的霸主狮子，也打不过它们。

在实现某个目标的过程中，我们要尽可能少地花费时间、金钱和精力，同时也要想办法提高效益。这是一种自然规律。

假设你忽然想吃牛肉，该如何做呢？是去卖牛的牛市直接买一头牛？还是去批发市场买牛肉？或者去肉店买牛肉？应该不会有人计划自己养头牛吃吧？

总之，得到牛肉的方法有很多。这时，人们普遍共通的想法就是前面说的"以最小的成本获得最大的收益"。但是，实现这种想法并不容易，因为几乎每个人都希望以最小的成本获得最大的收益。好的牛肉一定很贵，因为很多人都想买。

▶ 最小成本 + 最大收益 = 合理选择

最小成本是指为获得一定的收益需要付出的最低成本。假如一家企业接到了制造100件商品的订单，该企业当然会努力把制造100件商品需要的成本降到最低，对吧？因为剩下的都是利润。

最大收益是指以一定的成本可以获得的最大收益。假设由于气候干旱，一家餐馆每天只能买到10千克食材。这家餐馆要努力发挥节约食材的智慧，利用有限的食材尽可能多地制作菜肴。

最小成本、最大收益原则是指成本和收益不固定时，最大限度地发挥两者各自的差异，适当地调整成本和收益，以追求利益最大化。这与单纯以最小的成本获得最大的收益是完全不同的。例如，一家店有5名员工时，一天的销售额为10万元；有3名员工时，一天的销售额为5万元。那就说明雇用5名员工时，能够获得更大的收益。

但最小成本、最大收益原则有一个重要的前提——无论如何降低成本，产品的质量都必须达标。农民不能为了降低成本售卖变质的蔬菜，建筑师不能为了降低成本使用劣质的建筑材料，汽车修理工不能为了降低成本使用有安全隐患的零件……这个前提一方面是为了保障产品使用者的安全与健康，另一方面是为了维护市场秩序。如果人们都去购买廉价的劣质产品，生产优质产品的商家很快就会倒闭，人们将无法买到优质产品。为了防止这种现象发生，国家也会对市场进行监管，营造良好的市场环境。

> 知识加油站

经济学中的基本原则

"稀缺性""机会成本""最小成本和最大收益"是基本的经济学原理。真正理解了这些原理,就等于迈进了经济学的大门。

人类的经济活动是从资源的"不充足",也就是"稀缺性"这个前提出发的。稀缺性导致人们有选择,做选择就要付出对应的成本。"经济活动中没有免费的午餐"这句话便出自这里。

在做选择的时候,一定要权衡机会成本,做出合理的选择。合理的选择通常是一种成本最小、收益最大的行为。

你可以认为经济学太过聚焦于"计算"人类的生活。但我们的生活的确离不开经济学。因此,我们需要养成权衡成本和收益后再做决定的习惯。

狮子和狼的食物之争

私有财产

一只凶猛的狼盯了羊群好几个月。一天，这只狼终于骗过了牧羊人的眼睛，成功地抓住了一只脱离羊群的小羊羔。

狼虽然非常饿，但不想一下子就把好不容易抓到的猎物吃完。为了在安全的地方安心地吃饭，它决定把小羊羔带回自己居住的洞穴。

这只狼叼着小羊羔艰难地前进，途中遇到了一头狮子。这头正在觅食的狮子一边咆哮，一边向狼扑了过来。

狼只好丢下小羊羔，慌慌张张地逃跑。过了一会儿，确认狮子没有追来，才停下了脚步。虽然保住了性命，但是一想到被狮子抢走了辛辛苦苦才抓到的小羊羔，狼既非常委屈，又十分气愤。

为了泄愤，狼隔着很远的距离向狮子抱怨道："那是我辛辛苦苦抓到的猎物。你怎么能随便抢别人的东西呢？这也太不公平了！"

狮子听了之后嗤之以鼻，对它说："按你的意思，这只羊羔不是你偷来的，而是你从朋友那里得到的礼物吗？"

不管是动物还是人，对"属于我的东西"都非常在意，想珍惜和守护它们。特别是在动物世界，力量占主导地位。

对强大的动物来说，你的是我的，我的还是我的。弱小的动物如果一味要保住自己的东西，就有可能会丢掉性命。但人类不一样，再强壮的人也不能随意抢夺别人的财产。

我们可以保护"属于我的东西"，因为所有权是被认可的。这种所有权被认可的个人财产被称为"私有财产"。

▶ 保护私有财产的好处

伊索生活在古希腊的雅典，那里也有私有财产制度。那时雅典人受国王和贵族统治，但随着海外贸易和国内工商业的发展，赚到钱的人越来越多，情况发生了变化。经济富足的公民与贵族对立，要求政治权利。

公元前6世纪，雅典终于开始了以私有财产为基础、公民直接决定国家事务的民主政治。

相比之下，在雅典附近的斯巴达，公民的生活受到了严格的控制，私有财产也没有被广泛认可，只有在战争中立下战功的士兵的家属才有权耕种农田。大多数斯巴达人没有获得足够的劳动报酬，因此他们觉得没有必要努力工作。结果，斯巴达的经济变得越来越差，最终在与雅典的战争中战败。

哲学家亚里士多德比较了雅典和斯巴达的经济情况，得出了这样的结论："如果每个人都拥有属于自己的东西，就不会和别人产生矛盾。而且每个人都关心自己拥有的东西，为了增加自己的财产而努力工作，国家也会得到更大的发展。"亚里士多德认为，如果所有的东西都有主人，人们就不会有争斗，也就是说，私有财产会让事情向好的方向发展。

下面举个例子，进一步说明私有财产是如何让事情向好的方向发展的。

在一个有草场的村子里住着许多牧民。如果牧民没有属于自己的草场，他们就会一心想着增加自己养的牛的数量。

牧民们会想："反正这不是属于我的草场，只要让我养的牛吃饱就行了。"于是，牧民们开始无节制地增加牛的数量。没过多久，草场上的草就被牛吃光了，最终牛也饿死了。

但是，如果牧民拥有草场的所有权，就会产生不同的结果。他们会做出合理的规划，例如将草场围起来，并在对应的区域内饲养数量合理的牛。这就是保护私有财产的好处。

知识加油站

对私有财产的限制

资本主义承认财产私有，但是也有例外，最具代表性的就是土地。土地的所有权被认可，可以作为财产使用，但是为了公共利益，国家可以限制使用。在资本主义环境中，国家可以对私人所有的土地进行干预吗？答案是可以。

与房子和电视不同，土地的利用方式会对国家经济产生影响。例如，假设土地可以被主人任意使用，土地的主人以大米收成不好为借口，在稻田里建工厂，或者以开发为由乱砍树木，大米的产量就会减少，自然环境也会变得一团糟。因此，政府会采取各种措施，限制农地用于其他用途。

成为废墟的玫瑰花园

合理使用公有财产

一个村子里住着许多非常爱花的人,村民们特别喜欢玫瑰。他们在村子中央的广场上打造了美丽的玫瑰花园,大家一有时间就去观赏玫瑰,照看玫瑰。

然而,村子里有一半村民喜欢黄玫瑰,另一半村民则喜欢红玫瑰。

"你怎么会喜欢红玫瑰呢?那种颜色太红了,真没有品位。"

"他们到底是怎么想的?居然会喜欢那种颜色不起眼的花。"

他们都不愿意接受对方的喜好,所以每次去玫瑰花园的时候,为了让自己喜欢的玫瑰更加显眼,就会偷偷地拔掉另一种颜色的玫瑰。这边这个喜欢黄玫瑰的人拔掉几朵红玫瑰，那边那个喜欢红玫瑰的人又拔掉几朵黄玫瑰。

最后，两种颜色的玫瑰都越来越少，美丽的玫瑰花园变得光秃秃的，成了一片难看的荒园。

我们周围的东西大部分是有主人的。而它们的主人为了使自己的利益最大化，会节约并有效地使用物品。

但也有一些东西不属于私有财产。没有固定的主人，由许多人共同拥有的东西叫作公有财产。这个故事中的玫瑰花园就是公有财产。空气、河流、高山、草原、森林、海洋等也是公有财产。

经济学中的基本原理

从玫瑰花园的故事中可以看出，公有财产没有单独确定的主人，所以可能会出现管理不善的情况。空气和河流很容易被污染，海洋中鱼的种类、数量也越来越少，山上的树被人乱砍滥伐。由于公有财产没有单独的主人，人们很容易随意使用或损坏。

与此相反，私有财产是有所有权的，所以不会发生类似的事情。例如，每天有数万头牛被屠宰，但牛没有灭绝的危险。然而，海洋中的鲸鱼濒临灭绝。为了保护属于私有财产的牛，人们会设置栅栏，喂好饲料，努力增加牛的数量；但是对于属于公有财产的鲸鱼，一些贪婪的人会想抢在别人前面进行猎杀。

▶ **公有财产需要共同爱护**

对因为没有主人而出现问题的公有财产，赋予私有权会怎么样？例如，如果上面那个故事里的玫瑰花园被卖给村子里的某个人，变成私人所有的花园，那么村民们是不是就都能看到并享受美丽的玫瑰呢？但是，公有财产很难被赋予私有权。想象一下，如果空气、海洋中的鲸鱼、山里的熊都属于私有财产，可能会天下大乱。

因此，对于难以赋予私有权的公有财产，政府会采取各种限制措施进行保护，例如处罚向河里排放废水的企业、严格管制排放污染物质的工厂。

虽然比完全不限制要好，但是仅凭政府的努力，效果是有限的。全球气候变暖是一个全球性问题，是人类忽视对空气这一公有财产进行保护的代价。工厂排放的二氧化碳污染了空气，导致全球变暖，北极冰层融化，洪水和干旱等异常的气候现象频繁出现。

每个人都要像爱护自己一样爱护公有财产，这比什么都重要。我们必须控制只考虑自己的利益而滥用公有财产的欲望。

知识加油站

公地悲剧

"公地悲剧"这个概念最早由美国生态经济学家加勒特·哈丁于1968年提出，常用于描述和解释经济现象。

如果共同使用村里公有的草场,村民们会争先恐后地增加牲畜数量,使自己的利益最大化。最终,牲畜的数量超过合理的范围,导致草场荒芜,村子的整体收入反而会减少。

每个村民都知道,必须将牲畜的数量维持在适度的水平,才能继续饲养牲畜。但他们也知道,如果自己不把更多牲畜投放到草场上,别人就会投放更多牲畜。最终,草场走向了前面那个众所周知的悲剧结局。

公地悲剧的传统解决方案是"私有化"。如果赋予草场私有权,为了获得稳定的收益,村民会将牲畜的数量控制在合理的范围内。但这并不能从根本上解决问题,因为私有化也会带来其他麻烦,例如不同待遇的问题。

2009年诺贝尔经济学奖得主埃莉诺·奥斯特罗姆认为,以共同体成员之间的信任为基础的公有财产自主管理模式,比公有财产私有化这个方法好。

竖琴演奏者的故事

竞争机制

有个人在演奏竖琴方面没有什么天赋,但他相信自己的演奏实力很强,所以不停地练习演奏竖琴。

在被厚厚的墙壁包围的演奏室里,他一拨动竖琴的琴弦,乐声就会响起,听起来很像那么回事,所以他一直认为自己很有实力。

一天,这个人想向别人炫耀他的竖琴演奏实力,所以决定在大剧院举办一场演奏会。很多人来到大剧院,听他演奏竖琴。

演出终于开始了,他兴奋地自言自语:"听了我的演奏,人们都会大吃一惊的。我可是世界上最好的竖琴演奏家,我一定会名声大噪。"

他走上舞台,开始轻柔地演奏竖琴。但演奏开始时,奇怪的事情发生了。虽然他很卖力地演奏竖琴,但竖琴并没有发出平时在演奏室练习时那样美妙的声音。

观众们实在是无法欣赏他的演奏,开始大声喝倒彩,最后演奏者不得不逃离舞台。他一个人练习的时候觉得很美的曲调,现在连和弦都算不上,这可真够可笑的。

世界上的万物都生活在不断的竞争中。与独自生长的苹果树相比，几棵一起生长的苹果树结的果实更大，味道也更好。人类为了上更好的学校、找更好的工作、赚更多的钱，几乎每天都在竞争。

这个寓言也表明，在没有竞争的情况下，难以取得成就和进步。如果这个竖琴演奏者练习竖琴的时候与他人竞争，也许就能成功举办演奏会。

在经济学中，竞争的作用是通过新的挑战和挫折，促使人们变得更好。人类不甘落后的竞争心理是经济发展的必要动机。想在竞争中获胜，必须用新颖的想法积累实力。

假设两家面包店并排开在一起。如果一家面包店降价了，顾客就会涌向那家店。另一家面包店为了不让顾客流失，会把价格再降低一点儿。

在两家面包店竞争的过程中，以低价购买面包的顾客会得到好处。其实，不仅顾客受益，面包店也会从中受益。他们想出各种办法来降低面包的价格，例如以低价购买材料，降低成本，并努力开发在更短的时间内制作面包的技术。通过这个过程，面包店会不断壮大；而面包店壮大了，供应食材的工厂也会运转得更好，这样又会让种植小麦的农民的收入增加。

面包店的竞争使顾客、工厂里的工人、农民等多个领域的人受益。这与只有一家面包店开着的情况完全不同。

如果只有一家面包店,面包的价格就会随意上涨或下降,味道和质量也可能会很糟糕。那样对顾客也不会有好处。如果顾客选择吃其他食物而不是面包,那家面包店就会倒闭,供应食材的工厂和种植小麦的农民也会陷入困境。

▶ **通过健康竞争实现发展**

竞争是市场经济的基本价值观念。市场经济必须在公平的规则下,保障竞争处于不受任何人干涉和控制的自由状态。

自由竞争市场的优点在于,消费者可以用低价购买优质产品,企业可以发展技术、提高经营管理能力,对整个经济环境都有好处。

一些中小企业也能制造优质产品,但有时我们会在新闻中听到这些中小企业由于资金不足,被大企业收购的消息。这就是自由竞争的表现之一。

当然，竞争也会带来一定的问题。在竞争中，只有强者才能生存，弱者会失去立足之地，这可能会导致伦理方面的问题。为了不让某些大公司操纵市场，政府会用各种政策来应对。这是为了防止不正当竞争，让中小企业也能生存下去。

知识加油站

"看不见的手"

人类本能地根据是否对自己有利而行动。这就是为什么我们称人类为"理性经济人"。

被誉为"现代经济学鼻祖"的亚当·斯密在《国富论》中说："每个人都在努力利用自己的资本，最大限度地提高其生产的产品的价值。他们无意增加公共利益，也不知道公共利益到底会增加多少，只是为了自己的安全和利益而行动。但是，在这样的行动中，他们得到了'看不见的手'的指引，实现了原本没有预想到的目标。这样一来，一个人在努力追求自己的利益的过程中,也增加了公共利益。"

在这个问题上,关键词是"竞争"和"自己的利益"。毫不夸张地说,这两者是推动资本主义经济运转的轮子。那么"看不见的手"指的是什么呢?就是市场。

亚当·斯密说,即使是追求自己的利益的生产者,也会通过市场制度,在相互竞争的过程中形成某种秩序。

例如,如果一家面临激烈市场竞争的公司想提高产品的价格,竞争对手就会阻止他们这样做。这是因为竞争者会互相监督和限制,所以不会给消费者带来损失。

蝙蝠、荆棘和海鸥一起做生意

分工的好处

蝙蝠、荆棘和海鸥聚集在一起,决定一起做生意。想做生意,首先需要钱。蝙蝠走上前,说:"我认识的人很多,借钱应该很容易。做生意需要的钱由我去借。"

这时,有很多衣服的荆棘说:"那我们用衣服做生意怎么样?我有很多衣服,把它们卖了,不就行了吗?"

"这是个好主意。"蝙蝠一边鼓掌一边回答。

海鸥静静地听着蝙蝠和荆棘的话,思考自己能做点儿什么。海鸥的视力很好,还可以到处飞来飞去,以善于寻找掉在海边的东西而闻名。所以它想,还是发挥自己的才能,为做生意出一些力吧。

"海边有很多被海浪冲来的东西或者从天上掉下来的东西。我们可以把有用的东西收集起来,然后卖掉。"海鸥说。

蝙蝠和荆棘很赞同海鸥的话。蝙蝠借来了很多钱,荆棘收集了很多衣服,海鸥收集了很多在海边找到的东西。

为了做生意,它们租了一艘船,载着货物出海航行。但是,离开港口来到广阔的大海中不久,天空中乌云密布,暴风雨袭来,巨浪袭击了船。船在巨浪中颠簸着,最终沉入海里。

它们艰难地逃了出来,好不容易保住了性命,回到了家乡。它们不能做生意了,只好各奔东西。

从那以后,海鸥开始在海滩上四处寻找丢失在沉船上的货物;蝙蝠害怕遇到债主,所以不敢出门,只敢在几乎没有人走动的夜晚行动;荆棘总想着会不会找到那些丢失的衣服,于是总是钩住路过的人的衣服。

像故事中的蝙蝠、荆棘和海鸥一样,专注于各自擅长的事情,分担工作的行为叫作"分工"。它们遇到风浪,货物都掉进了海里,生意做不成了,但回到日常生活中也没有忘记各自的特点和长处。

在工厂里，工人们集中在各自的专业领域进行分工。这样做既能提高工作效率，也能提高生产效率。

为什么说分工有好处呢？以电视工厂为例，10个人制造1台电视时，可以将制造过程分为10个部分，让工人集中于各自负责的领域，这样就能更快、更好地制造电视。

我们一定会赚到一大笔钱！

为什么呢？如果1个人制造1台电视，他必须拥有制造电视需要的所有知识和技能。也就是说，他必须学会处理数以万计的电视零件。这可能吗？

相比之下，如果工作由多人分担，制造1台电视所需的时间更少，成本更低，出现次品的可能性也更小。

▶ **分工引发了工业革命**

第一个使用"分工"这个词的人是前文提到的亚当·斯密。他在《国富论》的第一章中以造针厂为例，说明了分工的意义。

如果不分工，10个人制造针，每个人每天制造20根针都很难。但如果将切割铁丝、制作针眼、抛光、打磨等制造工序进行专业化分工，那么平均每个工人每天可以制造4800根针。

亚当·斯密发现，这种分工大大提高了生产效率。

造针厂的生产效率提高了，人们富裕了，于是他们会买很多东西，这样其他工厂也能赚到钱，企业会再次进行投资。当投资导致生产规模扩大，市场上会出现更多东西，人们会购买更多东西,这会进一步吸引企业投资。最终,国家也会变得富裕。

《国富论》的书名就是指使国家变得富裕的理论。实际上,根据亚当·斯密的理论,工厂进行批量化生产,这推动了工业革命迅速发展。总而言之,分工可以说是引发工业革命的原动力。

知识加油站

工业革命

工业革命是指自18世纪60年代起,在世界范围内发生的一系列生产与科技革命。

第一次工业革命始于18世纪末。当时,詹姆斯·瓦特在英国成功实现蒸汽机的工业化。蒸汽机应用于船舶和蒸汽机车,不仅带来一场交通工具的革命,而且成了工厂的新动力。

作为第一次工业革命的中心国家,英国成为掌握世界主导权的超级大国,借着工业革命浪潮,为跻身发达国家的行列创造了契机。第一次工业革命成为西方国家开始领先东方国家的分水岭。

第二次工业革命始于19世纪末。当时，爱迪生在美国纽约建造了一座使电力产业化成为可能的发电站。电的运用使能量传递变得更加容易，并革新了工厂的工作环境。

作为第二次工业革命的中心，美国成为新的强者，开启了连接美国东部和西欧的"大西洋时代"。

第三次工业革命（又称"第三次科技革命"）是全面实现工业化的阶段，汽车、电视、冰箱、飞机等产品在世界范围内广泛普及。

不管是哪个国家，只要能把计算机类、通信类、消费类电子产品打造成世界级水平，就能成为先进的工业国家。

还有第四次工业革命，它涉及计算机、信息通信设备、半导体、生物技术、机器人等尖端高科技产业。随着高科技产业的发展，发达国家进入了后工业化、信息化社会。第四次工业革命是正在进行的尚未完成的革命。

肠胃和腿的奇妙关系

什么是互补品

我们的肠胃能够很好地消化食物,摄取营养。肠胃吸收的营养被输送到身体的各个部位,支撑人体活动。

腿的作用是让身体移动到其他地方。没有腿,我们寸步难行,无法到处寻找食物。

肠胃和腿互相帮助,就能实现共赢。腿让身体移动到有美味食物的地方;肠胃消化食物,为腿的活动供给营养。

可是,原本互相帮助的肠胃和腿突然闹翻了。负责寻找食物的腿抱怨道:"我总是带着你,你什么苦都不吃,只吃东西。没有我的帮助,你根本动不了。你应该感谢我。"

胃回答道:"可是如果我不给你提供营养,你就走不动

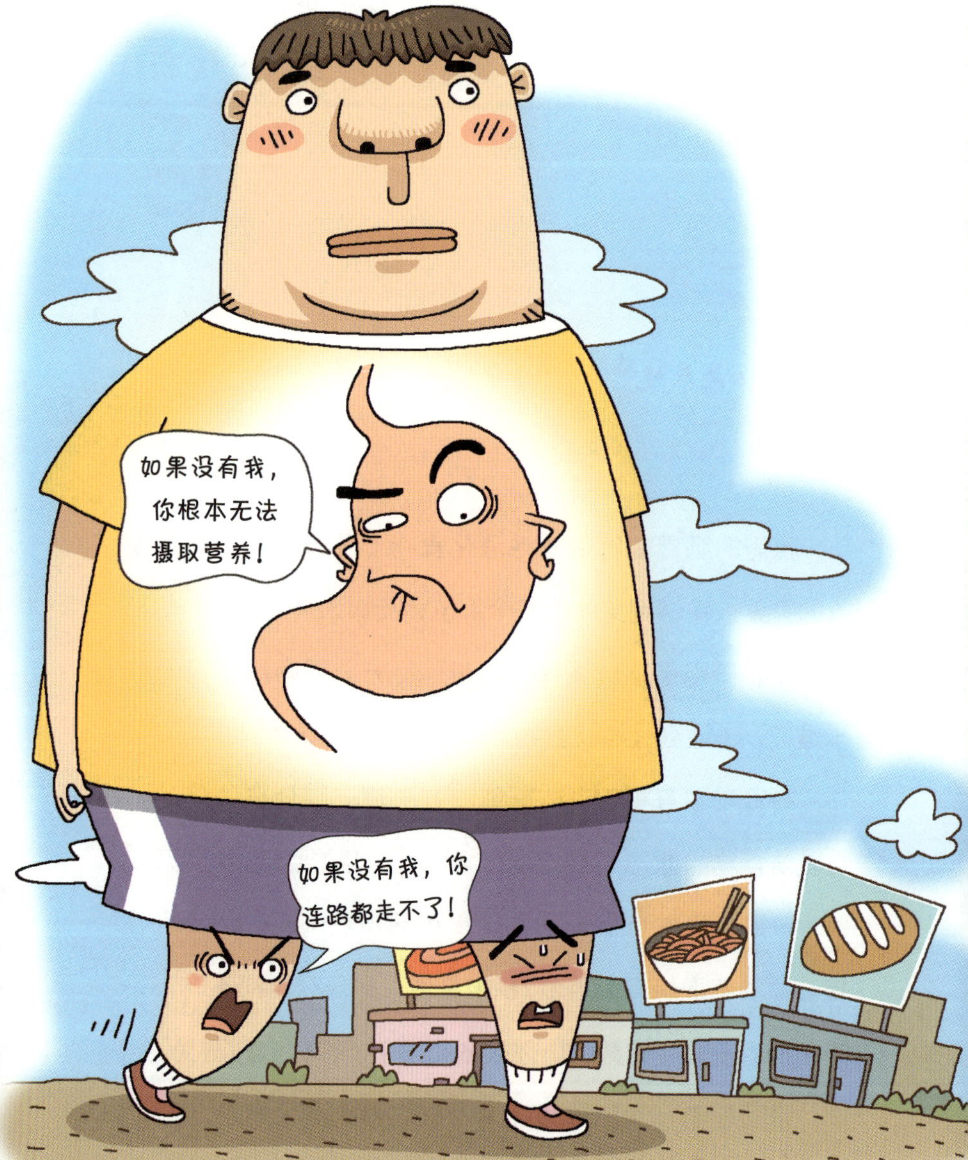
如果没有我，
你根本无法
摄取营养！
如果没有我，你
连路都走不了！

了。所以你该感谢我。"

在经济学中，这种互相帮助，而不是对立或竞争的关系被称为"互补关系"。从肠胃的角度来看，如果腿很结实，就有更多吃到美味食物的机会。而腿需要肠胃提供活动所需的营养。这种互补关系在我们身边也有很多例子。

▶ **互相帮助的互补品**

代表性的互补品有针和线。针和线要互相配合才能缝补衣服。与单独使用相比，互补品一起使用可以发挥更大的价值。

简而言之，可以把两种物品看成一对。面包和黄油、铅笔和橡皮、钢笔和墨水等都是很好的搭配。

这些互补品的特点是，一方的价格上涨，另一方的需求量就会减少。例如，铅笔的价格上涨时，根据供求原则，铅笔的需求量就会减少，那么橡皮的需求量也会随之减少。

利用互补品的特点进行营销,会获得很大的利益。例如，让人气明星出演广告，会增加产品的销量，广告的传播又能增加明星的人气；智能手机的出现使更多有价值的应用软件出现，更多应用软件的出现又提高了人们对手机的需求，使智能手机市场发展得越来越好。这些都是很好地利用互补品特点的事例。

知识加油站

替代品和劣质品

与互补品相对的是"替代品"。咖啡和绿茶就属于替代品。咖啡和绿茶都是饮品，如果咖啡的价格上涨，咖啡的需求量就会减少，作为替代品的绿茶的需求量就会增加。除了咖啡和绿茶，属于替代品的还有可乐和汽水、汉堡和热狗、苹果和梨等无数种搭配。

如果中东地区爆发战争，原油的价格就会飙升，所以全世界都在积极开发核能、太阳能、风能等其他能源。它们被称为"替代能源"，也可以说是一种替代品。

还有一种既不是互补品，也不是替代品的"劣质品"。劣质品受收入变化或技术发展的影响，而不受另一方的价格变动影响。可以把劣质品想象成过时的廉价商品。盒式录音磁带、蜡烛、收音机等都属于劣质品。比起盒式录音磁带，人们如今主要使用音乐播放器；比起蜡烛，人们更愿意使用方便的电灯；收音机也被简化成手机中的一个应用程序，而且人们更愿意使用能看到彩色画面的电视。

赫耳墨斯雕像多少钱 ●市场和价格

杀死心爱的母鸡 ●边际效应

下金蛋的鹅 ●本金和利息

蚂蚁和纺织娘 ●储蓄和消费

把金条埋在地里的吝啬鬼 ●金钱的作用

小岛上的两只屎壳郎 ●风险和收益

石榴树、苹果树与橄榄树之争 ●比较优势和贸易

农夫埋在葡萄园里的宝藏 ●劳动和工资

第 2 章

推动世界运转的钱

赫耳墨斯[1]雕像多少钱

东西的价格由谁来定呢

赫耳墨斯穿梭于奥林匹斯山上的众神之间,为众神传递消息,并向人类传达神的旨意。

一天,赫耳墨斯忽然想知道人们是怎么评价他的。于是他扮成凡人,走进了一家售卖众神雕像的商店。赫耳墨斯在这家店里发现了众神之王宙斯的雕像。

"这个多少钱?"赫耳墨斯询问店主。

"1德拉克马[2]。"

赫耳墨斯微笑着看向众神之后赫拉的雕像,再次询问

---

1 希腊神话中众神的使者,亡灵的接引神。掌管商业、交通、畜牧、竞技、演说以至欺诈、盗窃。他行走如飞,多才多艺。——编注
2 古希腊银币单位。——编注

价格。

"赫拉女神的雕像多少钱？"

"这个贵一些。"

赫耳墨斯环顾四周，终于发现了自己的雕像。他认为自己是宙斯的使者，还是商业之神，所以最受人们欢迎，价格应该是最贵的。赫耳墨斯很有礼貌地询问价格。

"赫耳墨斯的雕像多少钱？"

店主毫不在意地回答："啊，那个吗？如果你买宙斯和赫拉的雕像，我可以直接把它送给你。"

这个寓言告诉我们，人不要自满，要经常倾听周围人对自己的评价。商品很难由制造它的人判断好坏。也就是说，需要了解别人是如何评价这件商品的。

人们对商品的评价表现为商品在市场上交易的价格。价格是商品交换时的媒介，是市场经济中最重要的因素。那么商品的价格到底是如何确定的呢？

总的来说，价格是由供求关系决定的。需求取决于买东西的一方，也就是买家；供给取决于卖东西的一方，也就是卖家。

例如，一个雕塑家以500元的价格出售赫耳墨斯的雕像。正如寓言中所说的，赫耳墨斯的雕像没有那么高的价值，所以没有人愿意买。

假设这个雕塑家把雕像的价格降到50元，这样可能会有人想买，雕像就能卖出去。在这里，50元就是赫耳墨斯雕像的价格。

商品的价值和货币的价值固定时，商品价格的高低是由供求关系决定的。

▶ **推动市场的力量——价格**

假设一个雕塑家准备以 5 元的价格出售赫耳墨斯的雕像，想买的人就会变多，雕像很快就会被抢购一空。

这样一来，就会有人想以比 5 元更高的价格购入赫耳墨斯雕像，雕像的价格就会上涨。这时消息开始传播，人们纷纷听说由于价格上涨，雕塑家获得了巨大的利润，于是很多人都开始制作赫耳墨斯雕像。那些新的雕像涌入市场时，雕像的价格就会下降。

价格会随着供求关系的变化而自动变化。所以，如果供给量不变，需求量变多，价格就会上涨；如果需求量不变，供给量变多，价格就会下降。

此外，价格反映了商品的"形象"。赫耳墨斯并没有给人们留下好印象，这就是赫耳墨斯雕像价格便宜的原因。如果赫耳墨斯做了很多好事，人们对他的评价变好，雕像的价格就会上涨。

同样地，为了在市场上卖出应有的价格，商品的质量必须非常好。因此，为了卖出更高的价格，生产者需要努力开发新技术或者通过营销来赢得消费者的心。

知识加油站

市场

市场是生产商品的人和消费商品的人见面，进行交易的场所。

当然，在自给自足的时代，人们不需要市场。但是，随着技术的发展和产量的增加，出现了剩余的东西。因此，自然地出现了可以把剩余的东西和其他东西进行交换或者直接出售的地方——市场。

一提到市场，我们通常会想到传统的商场或者超市等堆放着许多等待出售的商品的地方。但是在经济学中，市场有更广泛的含义。

经济学中的市场不仅指小区里的便利店，还包括各种夜市和集市、农产品和水产品批发市场、二手商品交易市场、股票市场和金融市场等，种类多样。此外，进行电子商务的网络空间也属于市场。

杀死心爱的母鸡

边际效应是一把双刃剑

一个农夫养了一只母鸡。这只健康的母鸡每天都会下一个又大又好吃的鸡蛋。农夫会用鸡蛋做美味的菜肴,有时也会把鸡蛋攒起来,拿到市场上卖,再买其他东西。

母鸡下的蛋又大又好吃,在市场上很受欢迎,所以价格很高。

一天,农夫突然产生了贪婪的欲望。他想:"这只母鸡一天只下一个蛋,所以一天只能吃一次用鸡蛋做的菜。而且要攒好几天才能去市场上卖一次。有没有办法让母鸡多下一些蛋呢?"

农夫最终想到了一个办法:"如果我把给它的食物的量

增加一倍,它下的鸡蛋的数量也会增加一倍。"

农夫把给母鸡的食物的量增加了一倍。母鸡很快就胖了起来。

农夫看着母鸡说:"嘿嘿,现在它的身体更肥壮了,应该会下很多蛋吧?"

农夫满怀期待地等着母鸡多下几个蛋。但是,过于肥胖的母鸡生病了,一天连一个蛋都下不出来了。

真可惜啊！如果这位农夫稍微懂点儿经济学原理，就可以避免这样的结果。经济学中有一个叫作"边际效应"的重要概念，可以用于确定消费和生产的合理水平。

▶ 边际效应

"边际"的意思是边缘或边界。简单地说，就是指最后追加的部分。而边际效应指的是，一旦超过一定的水平，获得感就会下降。

例如，假如你在肚子很饿的时候开始疯狂地吃比萨，但你连续吃了两三块，继续吃下去的幸福感就会减少。如果你继续吃，可能会消化不良，你可能再也不想吃比萨了，这就是边际效应。

假设给十分口渴的人一瓶水，第一口应该很痛快吧，他会觉得口渴的感觉一下子就消失了。第二口感觉也很好，但不如第一口。第三口不如第二口。最终，喝了半瓶水才完全解渴。口渴的感觉消失的时候，喝水得到的满足感让人感觉舒适。如果继续喝第二瓶、第三瓶水，超出了满足的极限，就会感觉肚子饱胀，引起不适。

如果用数值来表达喝水的满意度，也就是喝水的效用，那么第一口是5，第二口是4，第三口是3，第四口是0。边际效应指的就是"最后一个"带来的效应。

换句话说，到喝完最后一口时的总效用是这些数值加起来的和，即5+4+3+0=12，边际效应是零。因此，当边际效应为零时，对水的满足感是最大的，之后就会变成负值。喝第五口水的时候，不快感大于从喝水中得到的满足感。

▶ **边际效应为零时最满意**

如前所述，边际效应会越来越小。这就是"边际效应递减规律"。如果将吃比萨时的边际效应绘制成曲线图，就会形成一条山丘状的抛物线。

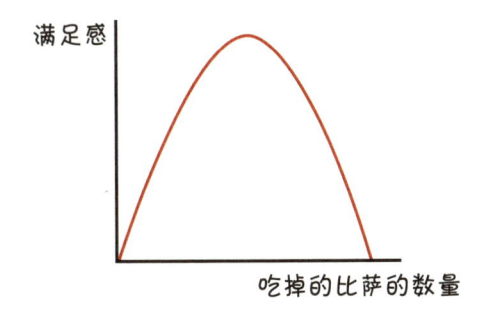

在规定的收入范围内进行消费,直到边际效应为零,才是合理的消费,超过这个限度就是浪费。

回到农夫和母鸡的故事中,对母鸡来说,食物的量增加一倍时的边际效应是负值。边际效应为零时,母鸡的满足感是最大的。在给食物的量加倍之前,农夫应该按对应的量给母鸡喂食。

知识加油站

边际效应均等法则

在边际效应理论中,除了边际效应递减规律,还有一个重要的规律。人们在购买各种物品时,会倾向于让每件物品的边际效应相等,使整体效应最大化,这被称为"边际效应均等规律"。

人们将整体效应最大化的行为在自助餐厅中随处可见。例如,假设你先吃排骨,第一块排骨很好吃,第二块还不错,第三块觉得入口的味道还可以。根据边际效应递减规律,从排骨中获得的边际效应会递减。然后在某个瞬间，排骨的边际效应变得比旁边的炸鸡的边际效应小。

在这种情况下，不会有人一直吃排骨。当我们觉得排骨的边际效应减少了，就开始吃炸鸡。吃炸鸡也符合边际效应递减规律。当炸鸡的边际效应小于沙拉的边际效应，我们就开始吃沙拉。

像这样，人们分别吃排骨、炸鸡、沙拉……直到从每种食物中获得的边际效应相等，这时，从自助餐厅获得的边际效应是最大的。这就是边际效应均等规律。

下金蛋的鹅

下金蛋的本金

一个农夫养了一只漂亮的鹅。它可不是普通的鹅,每天都下一个金蛋。农夫精心喂养这只鹅,多亏了它,他才能致富。

一天,农夫突然想到:"这只鹅的肚子里一定有很多金蛋,但是它一天只下一个蛋。如果把它们一次性拿出来,我就能成为一个很有钱的大富翁。是啊,不能等下去,得抓住鹅,把蛋都拿出来。"

农夫不假思索地剖开了鹅的肚子,急忙往里看,但和他期待的不一样,里面并没有很多金蛋,和普通的鹅的肚子一样。

最后,这只鹅死了,农夫再也拿不到金蛋了。因为农夫的贪心,他失去了鹅和金蛋。

农夫因为想得到更多金蛋,把鹅杀了。结果,不仅一下子得到很多金蛋的愿望成了泡影,就连每天都能得到的一个金蛋也不再有了。

在这里,鹅好比是存款或刚开始做生意时的本金,金蛋

> 是我被贪心蒙蔽了双眼,别说利息,连本金都没有了。

相当于利息（收益）。以存款为例，得先有本金，每个月才会有对应的利息。如果一时贪心，把本金都花光了，就不会再有利息了。就像故事里的农夫杀了鹅，连鹅原本每天产的金蛋都得不到了一样。

假设你1元、2元地攒了1万元，这时正好出了一款你十分想要的笔记本电脑，价格是1万元。

如果直接用存款买，本金就会一次性花光。为了保住本金，你必须把其他收入或者银行的利息攒起来买笔记本电脑。这样一来，既保住了本金，又能买笔记本电脑，可谓"一箭双雕"。

只要你守住本金，就绝对不会后悔。当然，攒钱买笔记本电脑可能需要很长时间。既要培养忍耐力，也要保持冷静，才能抵挡诱惑。

▶ 不要被利息蒙蔽而丢掉本金

为了应对不确定的未来，我们应该存钱。你可能会突然生病，也可能会遇到其他需要花一大笔钱的事情。这时，如果你有积蓄，就可以顺利地渡过难关。但是，如果攒了点儿钱就大手大脚地花掉,那么真正需要钱的时候就麻烦了。学会攒钱、理财非常重要。

有钱人往往从小就养成了存钱的习惯。哪怕手中只有10元钱,他们也会直奔银行。本金产生利息,利息又会生出另一笔利息。就这样,存款像滚雪球一样越滚越大,财产也随之增加。

存款不仅会使个人变得富有,也能让国家变得富有。银行用个人存款为需要资金的企业提供贷款。企业可以用这些钱扩大规模或投资新项目。企业的投资创造了就业机会,也使更多的商品出口成为可能,最终使国家经济总量增长。"有本金才会产生利息"这句话是理解经济学的一个不可或缺的重要原理。

> 知识加油站

利息

大多数人把钱存在银行里。这样，根据存款的期限，到期时能收到比本金更多的钱。存入的钱和取回的钱之间的差额叫作利息。把钱存到银行是抑制想买其他东西的欲望的结果。银行用利息来补偿这个代价。

借钱的时候也是一样的。银行借钱给人们，借款人向银行支付利息作为回报。

利率不是一成不变的，人们想花钱就会把钱取出来，如果这样做的人多了，存在银行里的钱就会变少。为了使大家把钱存久一点儿，银行为长期存款提供的利率更高。

蚂蚁和纺织娘

是存钱还是消费

炎炎夏日,一只蚂蚁挥汗如雨,努力收集食物。纺织娘问它:"周围有这么多吃的,为什么要辛苦地劳作呢?像我一样一边唱歌一边享受夏天吧。"

蚂蚁回答:"冬天就要来了。从现在开始收集食物,才能过冬。你别光玩,最好也为冬天做好准备。"

纺织娘一点儿也不担心。它觉得现在食物这么丰富,不可能一下子就消失。"蚂蚁,你到底在担心什么?吃的东西有的是。难道这些丰盛的食物会一夜消失吗?"纺织娘说道。

蚂蚁没有理会纺织娘的话,继续辛勤劳动。纺织娘一边嘲笑蚂蚁，一边唱歌。

随着时间的流逝，冬天来了。森林里冰天雪地，地面被厚厚的积雪覆盖，根本找不到吃的。蚂蚁夏天辛勤收集的食物堆满了仓库，所以一点儿也不担心。

一天，因为找不到食物而挨饿的纺织娘来到蚂蚁家，恳求蚂蚁分一点儿食物给它。

"蚂蚁，能给我点儿吃的吗？"

蚂蚁回答："你为什么不提前准备好粮食呢？"

纺织娘说："因为我要唱歌啊，所以我没有时间。"

"是吗？夏天你尽情地唱歌，那冬天你应该跳舞！"

这个故事告诫人们，要为即将到来的风险而努力工作。但存钱永远是对的吗？大家都知道应该多存钱、少消费。但如果社会上只有蚂蚁这样的人，那也会带来问题。在现代社会，只有多一些像纺织娘一样乐于消费的人，经济才能更上一层楼，这已经成为不争的事实。也就是说，如果只有蚂蚁这样的人，国家本来应该变得更富裕，但实际上反而会变得更贫穷。为什么会这样呢？

▶ 消费会刺激生产

来看看储蓄和消费之间的紧密关系。如果你赚了钱，就会把一部分钱花在你需要的东西上，把剩下的钱存起来。

但是，如果只增加存款，减少开销，会怎么样呢？如果购买商品的人突然减少，卖东西的企业生意就会变得不好，为了维持正常运转，只能降低员工工资或解雇员工。长此以往，会导致失业增加，经济萎缩，使经济变得不稳定。

收入减少的人会因为担心被公司开除而更加节衣缩食。那样的话，经济就会进一步萎缩。

如果经济不景气，人们收入减少，即使想增加存款也做不到。通过减少消费来增加存款，会导致收入减少，存款也减少。在这种情况下，存款就不再能促进经济发展了。多的存款反而对经济发展没什么帮助。"虽然过度消费的确是个问题，但适当的消费能挽救经济"讲的就是这个道理。

世界上只有蚂蚁这样的人是不行的。"纺织娘"在现代经济中的地位也很重要。

知识加油站

二八定律

并不是所有的蚂蚁都很勤劳。据说，有拼命劳作的蚂蚁，也有只做面子工作的蚂蚁、游手好闲的蚂蚁……各种各样的蚂蚁生活在一起。根据一位生态学家的研究，20%的蚂蚁劳作非常努力，60%的蚂蚁劳作时只是装样子,剩下的20%根本不想劳作。

最终,只占20%的勤劳蚂蚁的剩余产能,就能养活其他80%的蚂蚁,这就是"二八定律"的体现。这个定律也适用于人类的生活——20%的财富左右着80%的社会经济现象。

二八定律最初由意大利经济学家维尔弗雷多·帕累托提出。他在研究19世纪英国的财富和收入类型时发现,财富不均衡现象导致20%的人口占国家总财富的80%。但是,无论哪个时代、哪个国家,财富不均衡的比例都是相似的。

下面是一些存在二八定律的例子:

· 20%的司机是80%交通违法事件的肇事者。
· 20%的罪犯犯下了80%的罪行。
· 20%的成员完成了80%的工作。
· 20%的商品占据总销售额的80%。
· 20%的客户创造了80%的销售额。

把金条埋在地里的吝啬鬼

推动世界运转的钱

从前有个吝啬鬼,把钱财看得比生命还重要。他手里的钱一分也没花,只是一直攒着。吝啬鬼总担心自己的财产会丢失,他认为如果埋在地里,就不会被偷走或丢失。

于是,他把所有的财产都换成金条,埋在地里,就像自己的生命一样珍视。他每天都去埋金条的地方,心满意足地看着,然后回家。对吝啬鬼来说,盯着那块地看是他人生唯一的幸福。

然而,一个仆人偶然看到了这一幕。仆人特别好奇,想知道吝啬鬼经常去的地方到底埋着什么东西。他偷偷地挖开了那块地,看到了大量金条,吓了一跳。仆人偷走了全部金条，然后逃走了。吝啬鬼知道这件事后，看着地里空荡荡的坑，痛哭起来。

一个路人正好经过，问吝啬鬼："你遇到了什么事，哭得那么伤心？"

吝啬鬼解释了自己的委屈和痛苦。

然后，路人说："你不能说你真的拥有那些金条。你为什么不干脆把石头埋在地里，当作把金条埋起来了呢？如果像你一样把金条埋在地里，那金条就和石头没什么两样。"

埋在地里就不是钱啊！

啊！我的小钱钱！

推动世界运转的钱

即使你有再多的钱，如果你不花，那这些钱就是没用的。因为钱财是幸福生活的工具，而不是目的。如果你只是把钱财堆起来看，就跟把石头堆起来一样。如果故事中的吝啬鬼知道"钱能生钱"这个经济学原理，就不会做把金条埋在地里的蠢事了。

以存钱为例，如果你把钱存在银行里，就会有利息，那么本金就会增加。久而久之，利息会产生利息，本金就会不断增加。做生意也一样，刚开始做生意时投入的本钱叫作本金或者资本。如果事业成功，有了利润，资本也会变多。钱不会停留在一个小盒子里，而是在经济圈里流动，就像细胞增殖一样。

▶ **钱能生钱**

资本可以分为自有资本和他人资本。人们不会只拿自己的钱做生意。他们会从其他人那里得到投资，也会从银行贷款，来筹集启动资金。

以股份有限公司为例，股份有限公司将公司的资本总额平分为金额相等的股份，人们可以购买股份，成为可以得到分红的股东。假如一共有100股,某股东投资了10股,分红的时候就可以获得总利润的10%。

不同公司每一股的价值是不同的,小公司的一股可能只要几万元,而大公司的一股可能要几百万元。但是在任何股份有限公司中,都是投资的资金越多,拥有的股份就越多,能得到的分红也就越多。

股份有限公司会用股东投资的资金购买新设备,研发新的科研成果,使产品的质量更好,用户更愿意购买,为公司赚取更多利润,使股东获得更多分红,这样就会有更多人愿意成为这家公司的股东。结合我们前面学过的道理——越稀少、越被需要的商品价值越高——公司的股价也会越来越高。形成这样的良性循环,公司就能赚越来越多的钱,就达到了用钱生钱这个目的。

知识加油站

理财

　　理财是指用多余的资金赚取财富的经济活动。理财主要以投资股票和房地产为代表。但如果说购买保险或存钱不属于理财，那就大错特错了。股票和房地产价格的涨跌幅度很大，收益很高，但风险也不小。也就是说，甚至连本金都可能会收不回来。所以一般把股票分类为高风险投资。

　　在任何情况下，我们都不能把所有的钱都投资到股票或者房地产上。理财的一个基本原则就是"不要把鸡蛋放在同一个篮子里"，最好将部分资金分散用于稳定的理财投资，例如储蓄或购买保险。

小岛上的两只屎壳郎

风险与收益的跷跷板

在一个小岛上,一头公牛悠闲地吃着草。黑屎壳郎和斑点屎壳郎靠吃牛的排泄物为生。公牛排泄时,屎壳郎们就会赶紧飞过来享用美餐。

但是,到了冬天,供牛吃的草的数量减少了很多,牛的排泄物逐渐减少,屎壳郎们能吃的东西也减少了。

一天,黑屎壳郎对斑点屎壳郎说:"这里的吃的太少了,我要去陆地上过冬。"

斑点屎壳郎担心地说:"但那不是太危险了吗?"

对屎壳郎来说,漂洋过海是一次巨大的冒险。但是黑屎壳郎下定决心,准备冒险渡海。

黑屎壳郎说："等我走了，你留在这个岛上，牛的排泄物才够你吃，不是吗？如果我在陆地上发现了美味的食物，我会给你多带一些回来。"

最后，黑屎壳郎向着很远的地方出发了。旅途既危险又艰难，黑屎壳郎历尽艰辛才到达陆地。幸运的是，它在那里找到了很多食物。

冬天过去了，春天又来了。强壮又健康的黑屎壳郎回到了岛上。斑点屎壳郎因为吃不饱，瘦得干巴巴的。

斑点屎壳郎说："看来陆地上有很多吃的。可是你之前说回来的时候要给我带吃的，为什么两手空空呢？"

黑屎壳郎回答："对不起，但请你不要怪我。没办法，陆地上是有很多好吃的，但是只能在那里吃，根本带不回来。我回来是想邀请你和我一起去陆地上冒险。"

"好，我和你一起去！"斑点屎壳郎很干脆地同意了。

但是，人们再次见到黑屎壳郎与斑点屎壳郎的时候，它们俩却变得又圆又扁——陆地上的牛粪更美味，但是陆地上的公牛也更强壮，把它们俩踩成了肉饼。

斑点屎壳郎自己不努力，只盼着黑屎壳郎带吃的东西回来。不管是人还是动物，如果不自己行动，就很难维持生计。有时你必须经历艰难困苦，必须冒险。而且，越危险，成功的果实也就越甜、越有价值。

以赚钱为目的的生意或投资都有风险。想到本书开头提到的"经济学没有免费的午餐"这一经济活动的大前提，这一点就很容易理解。这里的风险是指那些会造成损失，甚至

让人血本无归的因素。所以，我们需要在尽可能减少风险的前提下赚钱。

赚钱多的事情风险也会比较大。这被人们称为"高风险，高收益"原则。人们希望投资时至少不损失本金，然后再考虑收益。

▶ **风险和收益成正比**

假设有人开展一个项目需要100万元，这个项目的风险率为0%，收益率为100%。也就是说，这100万元能安全地变成200万元，投资30万元的人，将来能分到60万元。

这个项目很有吸引力，如果很多人抢着投资，资金的供给量就会大于需求量。但是，开展项目的人只需要100万元，那么他就会想办法把收益率降低到刚好可以筹集到所需资金的水平。

从贷款方的角度看，收益率越高越好；但对借款方来说，收益率越低越好，因为这样就能减少借钱的成本，符合我们之前提过的"用最小的成本获得最大的收益"这个经济原则。

无论如何，这个项目的收益率都会不断下降，直到借款方和贷款方的接受度达成一致。世界上没有风险率为0%，回报率为100%的梦幻投资项目。通常，如果风险率为0%，收益率最多不会超过5%。

相反，一个项目的风险率为80%时，人们一般不愿意投资。这会导致需要资金的人和提供资金的人之间的不平衡。也就是说，当需求量大于供给量时，收益率就会发生变化。做生意的人甚至会把收益率提高到200%或300%以获得所需资金，直到筹集到他们想要的资金。

所以，风险越高，收益也就越高。换句话说，要是风险特别高，只有很高的收益作为补偿，人们才会投资。

知识加油站

投资与投机

投资是寻找并分享价值,投机是预判并下注于价格变动。

如果你用100万元买了一栋房子,然后以200万元的价格卖掉,你就会获得100万元的收益。这时你获得的收益并不是因为房屋被使用,而是买卖交易中存在的价格差,所以属于投机。如果不卖,而是以每月1万元的价格租出去,每个月就会有1万元的收益。这就是投资的回报。

投资是为了获得收入,而投机是为了获得价格差,这一点的确是不同的。但在现实中,两者并没有好坏之分,也很难对两者进行明确的区分。

例如,股票投资者在买卖时会瞄准价格差,这也算一种投机。但是国家不仅没有禁止股票交易,反而鼓励股票交易。也有一些人认为,购买股票的目的是获得分红,应当被视为投资。

石榴树、苹果树与橄榄树之争

能让弱者获胜的比较优势

在一个农场里,石榴树、苹果树和橄榄树并排生长。在农夫的精心照料下,三棵树都为了结出好吃的果实而努力生长。一天,三棵树之间发生了争吵,它们开始互相吹嘘自己的果实是最好的果实。

石榴树说:"我的果实是最好的。我的果实像红色的珠子一样密密麻麻地排列着,真是太美了。"

苹果树对此嗤之以鼻:"只是看起来美有什么用?我的果实是所有水果中最好吃的。看到我的果实成熟了,没有人能忍住不摘一个尝尝。"

橄榄树听了之后开口说道:"看起来美或味道好都只是

一个方面。我的果实可以榨油,这对人们来说才是必不可少的。所以,难道有比橄榄更好的果实吗?"

石榴树、苹果树、橄榄树都说自己是最了不起的。树木之间的争吵变得越来越激烈。

在农场的栅栏外静静地听它们说话的树莓用文雅的声音说了一句:"我们都有自己的价值,人们会珍惜我们的。请停止争吵吧!"

这个故事告诉我们，每个人都有自己的长处，只要好好利用它，就会给所有人带来好处。也就是说，即使不是各方面都很出色的人，只要拥有一种别人没有的能力，完全可以自信地生活。

这个故事可以用来解释一个经济术语——"比较优势"。比较优势是指与对方相比具有某方面领先的能力，是解释国家之间如何进行贸易的核心理论。研究比较优势理论的学者们主张，在自己不擅长的领域不需要投入太多，可以直接依赖他人，这样的战略在经济方面有好处。

▶ 通过比较优势实现经济共赢

第一个将比较优势发展为学说的人是英国古典学派经济学家大卫·李嘉图。李嘉图认为，在国内，生产成本低廉的商品属于专长领域，而那些生产成本较高的商品与贸易对象国进行交换，对彼此都有利。这被称为"比较成本说"。

具体而言，假设 A 国和 B 国都生产鞋和计算机。A 国有一种特殊的制鞋技术，每小时可以生产 10 双鞋，而 B 国每小时只能生产 5 双鞋。也就是说，A 国生产 2 双鞋的时候，

B国只能生产1双。这时就可以说，比起B国，A国在鞋类生产方面具有比较优势。

在计算机生产方面，B国技术强大，每小时能生产20台计算机，而A国每小时只能生产5台计算机。这时就可以说，比起A国，B国在计算机生产方面具有比较优势。在2小时内，A国可以生产10双鞋和5台计算机，B国可以生产5双鞋和20台计算机。如果两个国家专门生产自身具有比较优势的商品，那么在2小时内，A国可以生产20双鞋，B国可以生产40台计算机。

除了本国内部消费所需的数量，A国可以给B国10双鞋，B国可以给A国20台计算机。这时，A国和B国都拥有10双鞋和20台计算机。与各自单独生产相比，A国增加了15台计算机，B国增加了5双鞋。发挥比较优势是不是很像变魔术？

正如树莓所说的，石榴树、苹果树和橄榄树不必争吵，只要集中精力培育各自的果实，农场就会更加富足。这和根据比较优势理论进行贸易的好处有异曲同工之妙，对不对？

知识加油站

自由贸易协定

自由贸易协定（FTA）是指地理上相邻的两个或多个国家共同谋求贸易自由化，对非加盟国在贸易上采取差别性措施的协定。自由贸易协定成员国之间取消对商品流动交易的贸易限制措施或关税，以保障自由贸易。

最近，自由贸易协定的适用对象范围正在扩大。除了取消关税，还包括服务和投资自由化，这些都是普遍趋势。此外，适用范围还扩大到知识产权、政府采购等领域。这有助于各个国家充分发挥各自的比较优势，避免恶性竞争，促进全球经济繁荣发展。

农夫埋在葡萄园里的宝藏

劳动的价值

一个农夫病得很严重,就快死了。他的孩子们没有种地的经验,他很担心自己死后孩子怎么活下去。农夫想教他的孩子们如何种好葡萄。于是,他把孩子们都叫来了。

"孩子们,我觉得我的日子不多了。等我死了,你们就去开垦那片葡萄园吧。"农夫拉着不把农活儿当回事的孩子们的手,用平静的声音说道。

"我在葡萄园里埋了一件值钱的宝藏,找到它,就能过上幸福的生活。"农夫留下这句话,就去世了。

孩子们急忙跑到葡萄园里,开始挖地。但不管他们怎么挖,就是找不到一点儿宝藏的影子,他们非常失望。

但是，到了秋天，葡萄的收成比去年多了好几倍。农夫的孩子们当时挖得很深，土地变得非常肥沃，所以获得了丰收。孩子们这时突然想起了父亲的话。

"啊，原来爸爸说的宝藏就是这个啊！"

看着一串串成熟的葡萄，孩子们这才理解了父亲的深意。

劳动是最好的宝藏，通过劳动，我们学会了不贪图眼前

今年的葡萄长得特别饱满。

的快乐,学会了如何通过付出得到回报,也学会了如何成为一个有资格得到回报的人。掌握劳动技能,会使人感到自豪和满足。另外,通过劳动,我们可以过上一种方向明确的生活。劳动还能使人身体强健、精神愉悦。

不劳动的人没有人生目标。这样的人只是让人生的船不沉没,继续漫无目的地航行罢了,他们往往过着没有任何目标或梦想的生活。

▶ 必须努力劳动

投机者虽然只需要很少的劳动就能获得大量回报,但他们的结局大都很悲惨。虽然钱赚得容易,但投机失败就会损失惨重。为了一夜暴富而血本无归、家破人亡的例子比比皆是。国家制定了各种制度和政策限制投机主义,就是因为这些原因。

在伊索生活的时代,也有很多人想不劳而获。这个故事告诉大家,不要被那种诱惑动摇,要流汗,要努力工作。劳动是上天赐给人类最宝贵的礼物。

知识加油站

工资

　　劳动之后通常会获得报酬，即工资。从每个月领工资的劳动者的角度看，工资肯定是越多越好。但是企业却想通过降低工资来减少生产成本。劳动者和企业之间发生的劳资纠纷大部分是因工资问题引发的。

　　劳动也是一种商品。就像实物类商品的价格一样，劳动的价格也会随着质量或数量的变化而变化。无论是要求无条件提高工资的劳动者，还是无视市场规律想要降低工资的企业，都是不对的。

　　较高的工资可以提高劳动者的生活水平，但如果企业的劳动力成本增加，支出也会增加，这样就有减少生产，导致工人失业的风险。较低的工资虽然对企业有利，但会让劳动者失去劳动欲望，使人才培养受阻，最终对企业产生不利影响。从这个角度看，工资水平最好根据企业的财务能力或生产的产品的价值来决定。

一只吃饱的狐狸的悲伤 ●通货膨胀

公牛与青蛙 ●泡沫经济

在桥上丢了肉的狗 ●相对贫困

龟兔赛跑 ●不公平竞争与垄断

徒劳的乌鸦 ●炫耀性消费

在猫脖子上挂铃铛 ●"搭便车行为"

狐狸和丹顶鹤请客 ●逆向选择

偷马食的马夫 ●道德风险

第 3 章

经济的 两面性

一只吃饱的狐狸的悲伤

通货膨胀陷阱

一只非常饥饿的狐狸在森林里走着。这只狐狸太饿了,四处张望,想看看有没有吃的。

"我饿了三天,肚子都饿扁了。哪里有吃的呀?"狐狸有气无力地说。

忽然,不知从哪里传来了食物的香气。狐狸一边流着口水,一边跟着香气走,在一棵大橡树的树洞里发现了美味的面包和肉。这可能是某个牧羊人吃剩的食物。狐狸扭着身子钻进树洞里,把牧羊人的食物吃得一干二净。

"啊,吃得好饱啊!"狐狸感觉好多了,想从树洞里出来,可是它一下子吃了太多食物,肚子撑圆了,无法从树

经济的两面性

洞里钻出来。

"真奇怪。难道洞口变小了吗?"

虽然它费了很大劲,但是怎么也出不去。狐狸流着泪,开始哀叹自己的遭遇。

"为了避免眼下的饥饿,我进了这个树洞,结果出不去了。也许我会在这里被牧羊人抓住。"狐狸大声地哭了起来。

一下子吃得太多,肚子撑圆了,出不去了。

另一只狐狸偶然经过,发现它在树洞里哭泣。

"发生什么事了?你为什么在那里哭呢?"

树洞里的狐狸哭着向它解释这一切。那只狐狸知道了事情的经过,笑着说:"你真愚蠢,竟然因为那种事哭。别担心,只要等肚子像钻进树洞里时一样扁,你就可以很容易地从树洞里钻出来。"

狐狸因为吃得太饱而被困在了树洞里。如果不考虑后果,像故事里的第一只狐狸那样行动,可能就会陷入困境。有一种经济现象与这只狐狸的情况很相似。

经济一好转,人们的腰包就会鼓起来,花钱可能就会大手大脚。消费就会增加,物价也跟着上涨,出现通货膨胀。如果出现通货膨胀,市场就会陷入巨大的混乱。想象一下,原本 5 元一棵的白菜售价变成了 50 元一棵,是不是很离谱儿?

要是收入没有增加,人们的钱包很快就会变瘪。就像狐狸因为吃了太多面包和肉而被困在树洞里一样,如果因为收入增加就开始挥霍,很可能会陷入通货膨胀的陷阱。

下面详细解释一下为什么通货膨胀很糟糕。很多人努力工作，靠固定数额的工资生活。他们用固定的收入养家糊口，为未来储蓄。但是，如果物价持续上涨，用同样多的钱能买到的东西就会比以前少，对靠固定收入生活的人来说，实际上会产生和收入减少时一样的结果，他们的生活会更加艰难。

另外，如果物价长期持续上涨，人们就会认为物价必然会上涨，所以比起存钱，他们更愿意购买房产或其他价格昂贵的物品。这样一来，通货膨胀的情况就会持续下去。

▶ 使经济动荡的通货膨胀

如果通货膨胀持续下去，拥有很多东西或者房产的人会赚更多钱，而无家可归的人会变得更加贫穷，富人和穷人之间的贫富差距会进一步扩大。

因此，一旦出现通货膨胀的苗头，政府就会采取提高利率的措施，收回市场上的资金。利率上升，人们就会选择储蓄而不是消费，企业会减少投资，物价上涨的情况就会得到控制。

通货紧缩是一个与通货膨胀相反的概念。通货紧缩时，经济长期低迷，物价持续下跌。物价下跌不是个好现象吗？当然不是。

如果通货紧缩，人们就会减少消费。那样的话，物价会下降，但企业就不能好好地赚钱。如果生意不好，企业可能会裁员，或者干脆停业。这样一来，失业率就会提高。这会进一步使人们的消费意愿降低，加快经济衰退的速度。

那么，通货膨胀和通货紧缩哪个更糟糕呢？通货膨胀会导致收入减少，而通货紧缩会导致失业。这样看来，通货紧缩更糟糕。

知识加油站

滞胀

滞胀是指经济衰退时期，物价仍在上涨的情况。滞胀是通货膨胀长期发展的结果，是最糟糕的经济状况。

经济停滞导致企业利润下降，企业为了避免损失而提高商品价格，从而导致滞涨。如果物价上涨，消费者就会减少需求，最终导致经济衰退，失业增加。

滞胀最早发生在20世纪30年代世界经济大萧条时期。在此之前，通货膨胀或通货紧缩反复出现。而在经济大萧条时期，物价在经济衰退的情况下上涨，这就是滞胀。

20世纪70年代初也出现过滞胀。由于中东地区的战争，国际油价飙升，各种产品的价格随之上涨，企业纷纷倒闭。很多人失业，物价还在上涨，陷入双重困境。

滞胀与通货膨胀和通货紧缩不同，问题在于缺少有效的解决方法。一旦出现滞胀，政府、企业、家庭等经济主体将会遭受可怕的痛苦。

公牛与青蛙

危险的泡沫经济

小青蛙们去森林里野餐。生平第一次走出池塘的它们欢快地唱着歌。这时,它们看到了一头正在吃草的公牛。

"哇,那是什么啊?可真大呀!"小青蛙们都想知道这个第一次见的动物叫什么名字。

"我们问问爸爸吧!"

小青蛙们急忙回家,询问青蛙爸爸:"爸爸,我们看到了奇怪的动物。"

"是吗,它长什么样?"

小青蛙们说,那个动物头上长着角,块头很大,即使全家人齐心协力,也绝对赢不了它。

青蛙爸爸不知道那个动物到底是什么。

"那它比我的体形还大吗?"青蛙爸爸用力地鼓起肚子。

"还是不够大。"小青蛙们说。

青蛙爸爸又使劲地鼓了鼓它的肚子:"现在呢?"

"那只动物比爸爸大多了!"

听到小青蛙们的回答,青蛙爸爸很生气,继续使劲地鼓肚子。最后,砰的一声,它的肚子炸开了。

在经济活动中，这种悲剧也时有发生。就像不自量力的青蛙爸爸一样，在证券市场上，经常会听到快速上涨的股票价格突然下跌，让很多人遭受损失的新闻。这被称为"泡沫现象"。泡沫现象多发生在价格敏感的股票或房地产领域。泡沫总有一天会破裂，所以股票或房地产价格上涨并不完全是好事。如果泡沫破裂，很多人都会遭受损失，社会也会出现各种问题。

▶ 泡沫经济——一种虚高的价值

泡沫是由于过分的期望而产生的，产生过分期望的原因主要有两个：一是政府的金融政策，如果政府实行宽松的金融政策，市场中流动的钱就会增加，钱的价值就会下降，这时比起储蓄，人们更关心股票和房地产等实物类资产；二是普通人获取的信息不足。

举个信息不足的例子。某公司有一项杰出的发明，听说买这家公司的股票能赚钱，很多人蜂拥而至。这时，提前持有股票的一部分人认为价格上涨到了一定的程度，要赶在泡沫破裂前离开，于是等其他人集中投资的时候，开始抛售股票。由于那些想利用不足的信息购买股票的人蜂拥而至，股价就会骤降，出现泡沫。泡沫消失的时候，只有这些人会受影响。

泡沫现象会对经济产生不利影响。假设股票和房地产价格暴跌，人们的消费意愿会马上降低。如果这种情况持续下去，就会出现前面讲过的通货紧缩。

知识加油站

郁金香泡沫

前面提到泡沫是由于过分的期望而产生的。人类历史上的一次著名泡沫事件是17世纪荷兰的"郁金香泡沫"。

1635年，荷兰发生了一支郁金香的价格一夜之间上涨2~3倍的奇怪现象。人们大量收购郁金香，指望赚上一笔。但这场价格暴涨没过多久就平息了。那些没有卖出郁金香的人因为高价购入郁金香而血本无归，富翁一夜之间变成乞丐，一贫如洗，沿街乞讨。

在桥上丢了肉的狗

相对贫困

一只狗偶然捡到了一块肉，心情非常好，叼着肉兴高采烈地跑了起来。

"赶紧回家吃肉吧！"狗一边想一边急忙往家赶。但是在过桥的时候，它突然看到桥下的水里有一只狗，嘴里叼着一块更大的肉。

"那家伙居然有一块更大的肉！我一定要把它抢走。"桥上的狗心想。

"汪汪！"为了抢到水里的那只狗叼着的肉，它张大嘴巴，开始狂吠，发出威胁。没想到，它叼着的那块肉掉进了水里。它吓了一跳，望了望水面。水里的那条狗嘴里叼着的肉也不见了。

这只狗没有意识到水里是自己的影子。因为贪心，它弄丢了真正的肉。

有句俗语叫"吃着碗里，看着锅里"，是指不满足于自己拥有的东西，贪图别人东西的行为。如果像故事中的那只

狗一样贪得无厌,很容易失去自己本来很珍惜的东西。

这个故事很好地说明了资本主义的缺点之一——"相对贫困"。当人类的衣食住行等基本需求得到了满足,即能够解决绝对贫困的时候,就开始意识到自己与他人的差距。这就是相对贫困。例如,如果大多数家庭都有汽车,但某个家庭因为没钱而买不起汽车,那么这个家庭即使日常生计没什么问题,家庭成员也会认为自己家很穷。

▶ **消费主义文化导致的相对贫困**

相对贫困是在经济不平等的社会中出现的现象。收入低于社会平均水平的人会被认为处于一种被不公平地剥削的状态。这样的人通常被称为相对贫困人口。

相对贫困是消费主义文化带来的一个突出的严重问题,对个人和社会都会产生负面影响。就个人而言,与别人相比,拥有的东西较少的相对贫困感会使人丧失自信,严重的时候甚至会产生非常强的挫败感。

因为贫富差距和阶层间的收入差异,相对贫困感被放大,社会就会变得不稳定。因此,在经济发展到一定的阶段时，政府会将重心放在贫富差距和福利政策上。

另一方面，绝对贫困是指连生存所需的最低限度的物资都缺乏的极度贫困的状态。非洲的许多国家至今仍然没有摆脱绝对贫困的状态。

> **知识加油站**
>
> ## 示范效应
>
> 示范效应是指不按自己的收入水平进行消费，而是效仿他人，进行超出自己能力范围的消费。
>
> 示范效应产生的原因在于虚荣心。也就是说，不考虑实际的收入，模仿富人的消费行为，结果让自己受罪。
>
> 在个人消费中，示范效应最明显的例子是，比起商品的质量或用途，更执着于特定品牌的消费行为，例如在没有能力的情况下，借钱购买昂贵的名牌产品。示范效应带动的消费不顾质量和价格，只关注品牌，不是正确的消费行为。即使是世界知名品牌的商

品，也要根据自己的需要和收入情况来判断是否应该消费。如果超过了自己的负担能力，要学会毫不犹豫地放弃。

示范效应会使相对落后的国家的人们想效仿发达国家人们的消费水平，最终导致存款减少。从国家的角度看，这是外债比重上升的原因。相对落后的国家有不少外债来自示范效应带来的过度消费。

龟兔赛跑

不公平竞争与垄断

兔子取笑乌龟慢吞吞的,乌龟对兔子说:"兔子,别整天炫耀你跑得快。究竟谁跑得快,只有通过赛跑才能知道。"

兔子听到这句话,大笑着回答:"好啊!那我们来赛跑,看看谁跑得更快。"

终于到了比赛的日子。随着出发信号响起,兔子和乌龟都朝对面的山脊跑去。兔子当然觉得自己跑得更快,蹦蹦跳跳地向着目标前进。兔子跑完了路程的一半,回头一看,乌龟被远远地甩在后面,已经看不见了。

"太无聊了。乌龟还差得远呢。我可以在这里休息一会儿再跑。"

兔子就这样睡着了。

不知过了多久,兔子从睡梦中醒来,它四处张望,想看看乌龟跑到了哪里。由于乌龟一下也没有停,一直在汗流浃背地努力爬行,这时已经快到达山脊了。清醒过来的兔子就算跑得再快,也不可能比乌龟先到终点。最终,乌龟赢得了这场比赛。

起来啊,兔子!

谁叫我?

经济的两面性

这个故事的主题是竞争。但这里有一个要点，那就是竞争应该按照公平的规则堂堂正正地开展，而不能在一方占据优势的前提下开展。

乌龟的坚持不懈固然值得学习，但是乌龟选择竞争项目时应该做更聪明的选择。兔子和乌龟赛跑公平吗？兔子是生活在陆地上的动物，乌龟主要生活在水里。在陆地上跑步，兔子肯定比乌龟有优势。

在经济活动中，竞争是必不可少的。假设某家大企业通过竞争，让中小企业都破产了，只剩这家企业在市场上独自生存，那么这家企业就可以随意调整价格来操控市场。

在经济学中，只有一个供应商，没有竞争对手的情况被称为"完全垄断"，只有少数几个供应商的情况被称为"寡头垄断"。两者合在一起就是"垄断"。完全垄断和寡头垄断都损害了竞争的规则。

各国制定了各种不同的市场政策，就是为了避免出现垄断，防止出现类似龟兔赛跑的不公平竞争。

▶ 导致市场失灵的垄断

市场上的竞争对手越多越好。因为在激烈的竞争过程中,商品的价格会下降,质量会提高。相反地,在垄断市场中,由于不存在竞争,供应商可以随意调整商品的供应量,以提高价格或维持高价,而且不会改善质量。最终只会让消费者遭受损失。

所以政府必须限制垄断。垄断企业生产的产品,价格不得超过一定的水平,或者干脆将垄断企业拆分成好几家。另外,即使企业想合并,如果有垄断的可能性,就不能允许。

知识加油站

合法垄断

　　虽然垄断会破坏竞争,但是也有允许垄断的情况。例如通信、电力、铁路、邮政等投资成本高的产业,或者公共利益优先的产业,都是允许垄断的。

　　不过,假如把这些对国民至关重要的产业交给普通的经营者,经营者为了赚钱而随意提高价格,那么每天都要使用这些服务的国民将遭受巨大的损失。所以,只有政府出面直接为这些产业提供资金或政策支持,才能保证以低廉的价格提供国民所需的各项服务。

　　因此,普通的经营者即便想进入这些产业也不行,自然而然地就形成了垄断。这被称为"自然垄断",从事相关产业经营的企业被称为国有企业。

徒劳的乌鸦

炫耀性消费与凡勃伦效应

宙斯想在鸟儿们中间选出鸟王。

"我要从众多的鸟中选出最美丽的鸟当鸟王。"

听到这个消息,鸟儿们都开始打扮自己。羽毛很鲜艳的鸳鸯、雪白的天鹅、长着华丽尾羽的孔雀等鸟儿,都开始辛勤地梳理羽毛。

乌鸦浑身乌黑,就像涂了墨汁一样。它非常羡慕那些拥有五颜六色的羽毛的鸟。乌鸦想成为鸟王,但觉得浑身乌黑的自己根本做不到。后来,乌鸦想出了一个主意,它开始在其他鸟儿经过的地方游荡,捡它们掉落的五颜六色的羽毛,用这些羽毛装饰自己的身体。

经济的两面性

最终，森林里所有的鸟儿都聚集在宙斯的神殿里。宙斯一一查看每一只鸟，最后指着乌鸦说："你是最美的，我要让你当鸟王。"

宙斯宣布，他要让这只羽毛五彩斑斓的乌鸦成为鸟王。但其他鸟儿不同意这个决定，纷纷开始拔乌鸦身上不属于它的羽毛。最后，乌鸦又变回了浑身乌黑的样子。

美国经济学家托斯丹·邦德·凡勃伦提出了这样的经济理论："炫耀性消费是指上流阶层的人出于炫耀欲或虚荣

心购买高价商品的行为。"这可能会引起收入水平较低的阶层模仿消费，使整个国家陷入过度消费的泥潭。炫耀性消费的对象中最具代表性的就是奢侈品。但如果经济不宽裕，购买奢侈品相当于画饼充饥。

继而出现的是山寨产品。市面上有很多从表面上看和奢侈品没什么两样的山寨产品。毫无疑问，当仿冒奢侈品的山寨产品纷纷涌入市场，会带来严重的负面影响。

▶ 丢了西瓜拣芝麻的行为

山寨产品可能会给国家经济带来很多负面影响。例如，山寨产品的需求量越大，生产正品的企业就会因为产品卖不出去而亏损，最坏的情况是直接停业。

山寨产品损害了生产正品的企业的利益，却不用付出任何代价。山寨产品也打击了企业研发新技术、开发新产品的积极性，可能会使生产正品的企业的员工失业，最终使整个经济环境遭受损失。

想想看，如果原本投入500万元研究经费制造的半导体芯片被政府默许以50万元的价格任意复制，那么研发该半导体芯片的企业就不愿意再进行研发和投资了！这是丢了西瓜拣芝麻的行为。

知识加油站

凡勃伦效应

通常来说，商品价格上涨，需求量就会减少。凡勃伦效应刚好相反，是指商品价格越高，越能畅销。凡勃伦效应的典型案例是奢侈品。奢侈品的价格虽不断上涨，但人们对奢侈品的需求量并没有减少。凡勃伦1899年在其著作《有闲阶级论》一书中首次提到："上层阶级的消费是为了显示其社会地位而不自觉地进行的。"

根据他的说法，炫耀性消费始于部分富人，但随着周围人的模仿，可以扩散到整个社会。简而言之，即出现了模仿消费。模仿消费是指仅仅因为其他人消费某个商品较多而跟着购买该商品的行为，就像对流行敏感的人往往穿着相似的服装一样。

在猫脖子上挂铃铛

"搭便车行为"

一天,老鼠们在谷仓里召开紧急大会,因为最近来了一只很会捉老鼠的猫,它们成天心惊胆战。

"我再也受不了了。因为那只猫,我根本不能安心生活。"

"是啊,没错。昨天我朋友在后院玩的时候被那只猫抓走了。照这样下去,我们迟早都会成为它的食物。得赶紧想出点儿对策。有没有什么好办法呢?"

一只不管什么事都爱出风头的老鼠先开口了:"为了在猫出现的时候飞快地逃跑,每天练习跑步怎么样?"

"这也太荒唐了。不管我们跑得有多快,猫都会一下子追上来的。"

"那么，我们都戴上老虎面具，那样猫会不会被吓跑呢？"

"……"

老鼠们各抒己见，但是没有哪个主意能让大家都觉得不错。

过了一会儿，一只诡计多端的老鼠自信地说："我有个好主意！"

老鼠们好奇又期待地等着听它继续说。

"可以在猫的脖子上挂个铃铛。每次它出现的时候，铃铛就会叮当作响。听到声音，我们可以提前逃跑，就不会被抓住了！"

真是个好主意。可是谁去给猫挂铃铛呢？

"哇，真是个好主意！"

"你果然是个机灵鬼！"

老鼠们一想到被猫折磨的痛苦就快结束了，都高兴地拍起手来。这时，一只一直在角落里静静倾听的老年老鼠慢悠悠地开口了："真是个好主意。可是谁去给猫挂铃铛呢？"

欢呼的老鼠们都闭上了嘴，互相看着对方，面面相觑。没有一只老鼠愿意冒着生命危险给猫挂铃铛。

"在猫脖子上挂铃铛"这句话看上去很有道理，实际上是一件很难实现的事。如果有一件必要的事，但没人出面去做，也可以使用这句话。人们自私地认为，如果有人做了那件事，自己就可以免费利用结果。也可能有人会认为，反正别人会白白利用这件事的结果，所以自己不会抢先去做。

经济学的出发点是假设人们是自私的，但试图理性地行动。研究者发现了一种"搭便车行为"，就像坐车不付钱一样，有的人不愿意付出成本，只想从中获益。

如果想免费坐车的人越来越多，汽车运输企业的经营情况就会变得困难，司机们可能会另找工作。随着汽车运输企业的减少，汽车的需求量也会减少，汽车生产企业就会陷入困境，最终会对经济产生负面影响。

▶ 无人负责的"搭便车行为"

私有财产不受"搭便车行为"影响吗？事实并非如此。例如，某人开发了一项独创的技术，但他苦于无法向世人展示自己的技术。因为如果很多人都复制并使用这种技术，只会给别人带来好处。因此，政府为了保护发明独创技术的人，实施专利制度，授权他们在专利保护期限内独占该技术，如果其他人私自使用，就会给予处罚。

如果没有这个制度，就会出现有人免费使用别人开发的技术的现象，最终导致我们生活所需的技术无人开发。未经原作者许可，抄袭书籍中的内容或剽窃音乐的行为也属于搭便车行为，应该对这些行为进行限制。

> 知识加油站

市场失灵

市场是由需求和供给来决定价格和交易量，并据此有效分配货物或服务等资源的地方。然而，资源分配效率低下的情况经常发生，这被称为市场失灵。市场失灵的原因之一就是前面讲到的搭便车行为。

另外，在垄断市场中，利用垄断地位，企业可以随意决定价格或供应量，从而导致市场失灵。因为与市场的基本功能无关，价格和交易量会因外部影响而发生变化，因此市场原理无法正常运作。

狐狸和丹顶鹤请客

逆向选择现象

一天,狐狸邀请丹顶鹤做客。

"今晚来我家吧。好久没做好吃的菜,一个人吃太可惜了。"

丹顶鹤高兴地来到狐狸家。狐狸把食物装在一个平底的盘子里,丹顶鹤的嘴又长又尖,无论怎么努力也吃不到盘子里的食物。

"丹顶鹤,像我一样敞开吃啊!你这么客气,我感觉有些过意不去。"狐狸把嘴贴在盘子上舔着吃。

最后,丹顶鹤饿着肚子离开了狐狸的家。

不久,丹顶鹤邀请狐狸去它家做客。

"今晚来我家吃饭吧!好不容易准备了好吃的食物,就想起了你。"

狐狸来到丹顶鹤家,晚餐已经准备好了。餐桌上放着两个细长的瓶子。

"来,快趁热吃吧!"丹顶鹤把一个瓶子递给狐狸,请它吃。

虽然狐狸很想马上吃到,但是它的嘴根本无法伸进细长的瓶子里,它连一口食物都吃不到。

如果狐狸和丹顶鹤事先知道对方用什么餐具装食物，就不会去对方家了。这种本人知道某些信息但对方不知道的情况被称为"信息不对称"。这会因为缺乏关于交易对手的信息而导致错误的选择。

一个典型的例子是二手车市场。据说二手车市场上有很多质量不好的车，很难挑到好车。当然，现在二手车市场也在努力通过专家的检查和确认，以合理的车价或提供多种配套服务来赢得消费者的信任。但是即便如此，二手车市场仍然被人们认为是有质量问题的车交易的地方。

假设二手车市场有3辆价格为30万元的汽车。汽车A的主人将车保养得很好，配件更换也很及时，汽车A确实值30万元。汽车B的主人用车马马虎虎，还发生过几次碰撞事故，所以汽车B其实只值20万元左右。但是，为了卖到二手车市场，重新刷了漆，打理得干干净净的，看起来像值30万元的样子，所以也以30万元的价格出售。汽车C因为主人开车很不注意，发生过追尾事故，更换了几个重要的零件，实际价值甚至不到10万元。只是简单地修整了一下外表，就开出了30万元的报价。

如果车主们对车的状况了如指掌，那么汽车A的主人就会感到不可思议："这么差的车居然能卖30万元。我的车只要稍微修整一下，就能卖出更高的价格。"他也许会想把汽车A的售价提高到50万元。

汽车B的主人会说："虽然我没什么道德，但还有比我更没道德的人呢。"他很有可能会为了高价出售，再打理一下自己的车子，然后将售价提高到40万元。这样的话，30万元价位的汽车最终只剩下汽车C，预算只有30万元的人没有选择的余地，只能花30万元买一辆实际价值不到10万元的车。

▶ **高价购买不好的东西**

无论是在饭店花高价点了一份难吃的炸猪排，还是新手司机花30万元购买了一辆实际价值不到10万元的二手车，消费者都是高价购买了不好的东西，这是信息不对称造成的，可以简单地理解为经济学上的"逆向选择"现象。

在市场上，如果卖家和买家掌握的信息不同，就会出现逆向选择现象，也就是买家无法以合理的价格买到好东西，反而会以高价买到不好的东西。反过来看，拥有大量信息的卖家可能会通过欺骗拥有较少信息的消费者来获利。

会出现信息不对称的地方不止二手车交易市场。在信息竞争激烈的股市中，也能找到信息不对称的例子。在股市中，掌握相关信息就可以挣钱，信息不足的人总是会赔钱。股市中最常见的，就是在信息方面占优势的企业经营者通过信息不对称，做出能够增加自己利益的决策。

信息不对称带来的负面影响是使资源分配效率低下。大家都知道，市场的功能是让资源流向需要的地方。但如果这一功能被扭曲了，就会浪费资源。如果资源分配不合理，市场可能会因失去消费者的信任而消失。

再以二手车市场为例。如果人们因为无法准确了解质量而购买了质量较差的汽车，那么他们最终可能不愿意再去二手车市场买车，二手车市场的交易可能会停止。如果不想出现这种情况，就要消除信息不对称，但这是不可能实现的。经济主体自身要努力将信息不对称的影响降到最低。为此，卖家和企业必须确保产品信息公开、透明。

知识加油站

囚徒困境

A 和 B 因偷东西被抓了。为了不让他们串供,警察把他们分别关起来审问。他们都不知道对方会怎么回答。为了让两个人招供,警察提出了以下条件:如果两个人都认罪,都将被判处 5 年有期徒刑;如果只有 A 认罪,将酌情判处 1 年有期徒刑,而没有认罪的 B 将被判处 10 年有期徒刑;如果 A 和 B 都不认罪,都将被判处 2 年有期徒刑。

如果 B 不认罪,A 认罪会被判处 1 年有期徒刑,不认罪会被判处 2 年有期徒刑。因此,A 认为认罪是有利的。如果 B 认罪,A 认罪会被判处 5 年有期徒刑,不认罪会被判处 10 年有期徒刑。在这种情况下,A 也会认为认罪更有利。同样的情况也适用于 B。

因此,不管对方如何选择,两个小偷都会选择认罪。也就是说,他们认为背叛彼此比合作更有利。最后,两个小偷都认罪了,都被判处了 5 年有期徒刑。

偷马食的马夫

道德风险

一个村子里住着一个贪心的马夫。他一边努力地照顾马，一边琢磨着怎样才能从主人那里要更多钱。一天，马夫想出了一个主意：要是把主人给马吃的大麦一点一点地拿到别的地方去卖，好像就能赚到钱。

从那天起，马夫就一点一点地偷偷卖掉马的食物，把赚到的钱装进自己的腰包。但是，出现了一个问题：马夫偷走了部分大麦，马就没有足够的食物可吃。日子一天天过去，马变得越来越瘦，毛发也失去了光泽。如果主人看到马的这副样子，就会发现他没有好好喂马。

为了掩饰自己的罪行，马夫花了一整天为这匹马梳理毛发，想让马的毛发看起来更有光泽。但是不管怎么努力梳理，马也不能恢复到以前的样子。最终，这匹马受不了马夫没完没了地给它梳理毛发，张口对马夫说了一句话："马夫，如果你真的想让我成为一匹漂亮的马，就不要偷偷卖掉我的食物啊！"

这个故事中的马夫在道德上应该受到谴责。抢走别人的份额，使自己受益的行为被称为"道德风险"。道德风险往往发生在多方利益和个人利益发生冲突的时候。

经济的两面性

道德风险最初是经济学中用来描述保险制度的词。保险是指个人或企业为了应对意外事故,提前向保险公司支付一定的金额,发生事故后从保险公司得到损失赔偿的制度。以火灾保险为例,保险公司希望每个投保人都能尽自己最大的努力预防火灾,但是人们一旦投保了,就很容易放松,不再努力预防火灾。因为即使发生火灾,也能得到保险公司的赔偿。

保险公司和投保人之间存在这种情况时,投保人一方就有可能出现道德风险问题。如果保险公司能够了解投保人为预防火灾所做的努力,就可以制定不同的保险方案或者直接取消投保,但这是不可能的。保险公司不可能完全了解每个投保人。在一方无法充分了解对方的情况下,随时可能会发生道德风险。

▶ 道德风险导致长期损失

由于道德风险的危害很大,为了防止道德风险发生,政府制定了各种制度。例如,股份有限公司引入了一种机制,允许股东对经营者进行更严格的监督,同时使账目更加透明。股东和管理层每年召开一次股东大会,对一年的经营情况进行总结和结算,这也是防止经营者发生道德风险的一种有效方法。对保险公司来说，必须提前了解投保人的倾向。如果这一点能够做好，就可以预防故意骗保等犯罪行为。

除了追究那些利用职务之便谋取私利的人的责任，奖励那些在工作中尽到了最大努力的人也很重要。如果马的主人制定一个奖励制度，按照马夫的工作量来支付工资，就可以避免马夫的道德风险问题。

知识加油站

保险

保险可以为我们可能在小概率情况下遇到的危险做好准备。保险公司从投保人那里收取一定的金额，即保险费。如果投保人出了事故，保险公司就会按照最初约定的金额给投保人赔偿。

例如，一个人购买了每月缴纳200元的保险。合同规定，如果他死于火灾或车祸，他的亲属就会得到200万元的赔偿。如果这个人真的死于火灾或车祸，保险公司就要赔偿200万元；但是如果他没有发生任何意外，他每月缴纳的保险费就都归保险公司所有了。

狐狸和葡萄　●选择和集中

狼来了　●信任

背着佛像自鸣得意的驴　●超级明星现象

让乌鸦歌唱的狐狸　●经济激励

忌妒春天的冬天　●经济循环的规律

强壮的马和没力气的驴　●发展和分配

跳进水里的兔子和青蛙　●追求幸福的经济学

第 4 章

生活中的经济学故事

狐狸和葡萄

选择和集中

一只狐狸很久没吃东西,非常饿。它筋疲力尽地在树林里寻找食物。突然,它闻到了很香的气味。它急忙跑到香气的源头。原来,那里的葡萄藤上挂满了诱人的葡萄,光是看着就会不由自主地流口水。

"这葡萄看起来很好吃啊!"

狐狸拼命伸手去摘葡萄,但是够不着。它后退几步,跑过去用力向上跳,还是够不着。狐狸想尽一切办法都摘不到葡萄,只能放弃。

离开葡萄园的时候,狐狸喃喃自语道:"哼,这不是还没熟的葡萄吗?肯定很酸,不能吃。我只喜欢吃熟透了的葡萄。"

狐狸吃不到葡萄，是因为自身的能力不够，它却以葡萄很酸为由，放弃摘葡萄。这被称为"自我合理化"。如果能力不足，就应该努力，但有些人总把责任推到别人身上，来掩盖自己的无能。这个故事包含做不成事情不能责怪别人、不能半途而废等道理，很有教育意义。

也可以从其他角度进行解读。狐狸很快就放弃了自己不擅长的事情，它做出了明智的决定。狐狸的

行为被称为"选择和集中",即选择自己能做好的事情,集中力量去做。

▶ 通过选择和集中形成特色优势

我们生活在经济没有国界的竞争时代。在这样的时代,只有强国才能生存吗?绝对不是。一些小而强的国家专注于有竞争力的产业,与强国并驾齐驱。所谓的小而强的国家,如瑞士、荷兰等,由于面积狭小、资源稀少,经济发展受到制约。因此,这些国家开始构建符合国家特点的产业结构。

简而言之,就是通过发展商业和金融业赚钱,从国外购买本国供应量不足的农产品和其他产品。许多国际知名企业都是采用选择和集中原则打造出的优秀跨国企业。

知识加油站

践行选择和集中原则

选择和集中原则不仅适用于国家经济,也适用于个人。个人如果不在特定领域培养自己的竞争力,也很难生存下去。21世纪是知识信息化的时代。在这个时代,你必须选择自己喜欢的工作,努力成为最好的专业人才。

比起勉强自己做不想做的事情,更需要开发自己的才能,培养专属于自己的优点。著名的发明家爱迪生为了集中注意力,工作时从来不看手表。在当今时代,选择和集中会使我们有能力将自己独特的价值推向市场。

狼来了

比金钱更有价值的信任

有个牧羊少年在离村子较远的山坡上放羊。他每天一个人照顾羊,很无聊,所以总是恶作剧。

一天,他百无聊赖地想:"没有什么有意思的事吗?对了,这么做一定会很有趣。"于是,他用急促的声音大声喊叫:"狼来了!狼来了!"村民们吓了一跳。

为了救羊,村民们纷纷拿着棍子急匆匆地跑上了山坡。

"狼在哪里啊?"村民们急切地问道。

淘气的牧羊少年看到他们急成这个样子,捂着肚子大笑起来:"狼没来,我只是练习一下。"

村民们十分无奈,回到了村子里。

几天后，牧羊少年又大叫起来："狼来了！狼来了！快来救救我！"

村民们停下了手中的活儿，再次爬上了山坡。但是无论他们怎么找，也没有发现狼的身影。

"这次也是练习。哈哈哈，真有趣！"牧羊少年笑着说道。村民们知道自己又被牧羊少年骗了一次，气冲冲地回去了。

然而，有一天，狼真的出现了。凶猛的狼开始疯狂地撕咬羊。牧羊少年赶紧朝着村子的方向大喊："狼来了！"

可是这一次，谁也没有来。

"这次是真的！狼真的来了！"牧羊少年声嘶力竭地大喊。尽管如此，村民们还是认为牧羊少年在恶作剧，谁也没有来。结果，牧羊少年失去了所有的羊。

信任一旦崩塌就很难恢复。村民们一开始相信了牧羊少年的谎言，但谎言反复出现，即使说的是真话，也没人会相信。失去信任意味着毁灭。相反，如果能够建立信任，就会自然地走向繁荣。

信任是一种资本。为什么这么说呢？原因很简单。首先，做生意的人想和守信用的人做交易。那些不守信用、不被信任的人会成为大家回避的对象,所以赚不到什么钱。企业也是一样的。只有诚实的企业才会吸引投资者。如果因为虚假的账目失去信任,投资者就会撤资。外国投资者也倾向于只对透明经营的企业进行投资。

▶ 信任就是金钱

可现实的情况往往是,比起忠于原则,善于随机应变更能获得利益。社会上有一种不好的氛围——人们认为靠关系进行交易,违反法律的规则和命令更厉害、更有手腕。

但不透明的企业经营最终会失去投资者的信任。从牧羊少年的故事中可以看出,失去信任的危害是超乎想象的。要在汹涌而来的开放化和国际化浪潮中保持前进的势头,就要从努力积累信用资本做起。

信任不是可以在市场上买到的东西,是我们要积累的无形资产。个人要守信用,企业要透明经营,政府也只有在坚持固定的原则以及执行一贯性的政策时,才能建立经济方面的信任。

> 知识加油站

主权信用评级

主权信用评级是信用评级机构对主权国家对外经济信用的评价,主要反映该国政府作为债务人,对内对外偿付自身债务的能力和意愿。

世界各国的信用评级机构都有权进行主权信用评级,不过,只有在规模审计和信用评价方面具有丰富经验的权威信用评级机构做出的主权信用评级才被大众认可。

不同的信用评级机构对主权信用评级的分级方法不同,总的来说,一般分为两个大的级别,即投资级别和投机级别。前者表明该国主权信用等级高,债务无风险;后者表示风险较大,债务偿付可能得不到保证。

背着佛像自鸣得意的驴

超级明星现象

一只驴背上驮着一座金佛像,许多人看到它都恭恭敬敬地磕头。它只知道无论走到哪里,人们都会给它让路并行礼。它的心情非常好,摆出一副得意扬扬的架势。

"看来我挺优秀的嘛。"一想到这一点,驴就不想自己走路了。它自言自语道:"像我这么优秀的驴,不应该用车接送吗?"

"喂,你在磨蹭什么?还不快走!"

不管车夫怎么骂,驴还是一步也不肯走。

车夫没办法,只好从驴背上卸下金佛像。于是,人们都从驴身边走开了,也不再磕头了。

"真奇怪,怎么会这样啊?"驴十分困惑,呆呆地站在那里。

故事中的驴失去驮在背上的金佛像,一下子就成了没人理的家伙。

学者们把受大众欢迎,身价飙升的现象称为"超级明星现象"。大众更倾向于关注才艺或者外貌出众的明星。电影或电视剧的主角和配角的片酬相差很多。另

外，信息产业的发展成了明星身价飙升的时代背景。在明星活动的市场上，"赢者通吃"现象非常突出。从企业的立场看，如果开发与知名明星相关的商品，就能吸引大众的关注，所以会眼红这块"肥肉"。对于人气高的明星，企业会投入更多资金，明星的身价也会直线上升。

这些明星的特点是具有不可替代性。如果是一部性能出众的手机，只要有制造技术，完全可以制造出一模一样的产品，但人是不可能被复制的。

对于这种供应有限或不足的现象，我们可以用前面学习过的稀缺性来解释。稀缺性是因为数量稀少而产生的价值，因此很有可能导致价格无限上涨。我们也知道，稀缺性高的商品和服务很难被替代，也很难根据价格的变动调节供给量，所以它们是"无弹性"的。

工业产品能被快速制造出来，如果产品的价格上涨，供应商就会生产更多产品来增加供应量，那么上涨的价格就会被增加的供应量影响，从而恢复稳定，对吧？这样的情况被称为"供给是弹性的"或者"弹性供给"。

但是，如果供给没有弹性，就无法增加供应量，也就无法控制价格上涨。明星可以利用自身的稀缺性，维持较高的身价。另外，为了维护自己已经形成的稀缺性，会继续努力展现新形象。所以，超级明星往往可以长时间拥有较高的人气。

▶ **超级明星身价高的原因**

为了邀请明星担任广告模特或参加节目，除了基本的酬劳，还需要比竞争企业付出更多的费用才能实现。竞争企业越多，要出演的节目或广告播出的时间段观众越多，邀请费就越高，明星的身价也会跟着上涨。

知识加油站

赢者通吃

一个明星曾经说："这个肮脏的世界永远只记得第一名。"第一名拥有一切的现象被称为"赢者通吃"。赢者通吃现象出现在资本主义国家实行自由竞争的大多数领域。

"赢者通吃"会在社会上引起冲突和分歧。因此，康奈尔大学教授罗伯特·弗兰克和杜克大学教授菲利普·库克在二人合著的《赢者通吃的社会》一书中说，如果不纠正赢者通吃这个问题，资本主义可能会灭亡。

赢者通吃的反面是"平均化"。平均化是指政府介入市场，控制竞争，是一种追求结果公平主义的社会主义色彩很强的概念。

但是，如果过分平均，人们就没有进步的动力，市场就会在某一时刻失灵，经济就会失去活力。

赢者通吃或平均化都不是理想的状态，因此，制定连败者也能好好生存的制度非常重要。

让乌鸦唱歌的狐狸

经济激励

一只乌鸦嘴里叼着一块肉,心满意足地站在树枝上。一只狐狸偶然从下面经过,看到了这只乌鸦。

"那家伙从哪里得到了那么诱人的肉?我要把肉骗过来!"狐狸心想。

于是,狐狸对着乌鸦大声喊道:"你真是既英俊又潇洒,真的很有魅力。就连你的声音也很好听,说你是鸟中之王一点儿都不过分!"

听到这句话,乌鸦清了清嗓子,开始大喊大叫:"嘎嘎——嘎嘎——"

就在乌鸦张嘴的一瞬间,它嘴里的肉掉到了地上。

"好心肠的乌鸦,真的很谢谢你!虽然你的声音很好听,但你缺乏思考能力。哈哈!"

狐狸飞快地叼起肉,小跑着溜走了。

> 乌鸦一张嘴,肉就掉下来了。

狐狸不费吹灰之力,只用一句称赞的话就把乌鸦的食物抢走了。这种称赞具有不付出成本就能带来经济利益的魔力。

一本名为《赞美能让鲸鱼跳舞》的书曾在世界范围内畅销。这本书讲了一个这样的故事:一个老板偶然看了一场虎鲸的表演,以凶猛著称的虎鲸居然在驯兽师的指示下来回游泳,那种听话的样子让他十分好奇,他仔细观察,发现当虎鲸表演得很好时,驯兽师会大声地称赞它,虎鲸就会重复表演可以获得称赞的动作。

称赞的力量非常强大,连不会说话的动物听了也能跳舞。每个人都会对称赞感到动容,听到称赞就会感到自豪。称赞有一种魔力,能打动人心,让人兴高采烈。在公司等组织中,称赞对组织成员的行为和决策也有很大的影响,所以称赞是一种不需要成本的"经济激励"。

经济激励是以激励为目的进行的刺激,包括为激发和调动员工工作积极性的各种奖励或福利。所以,除了经济方面的刺激,还包括具有激励目的的称赞。

▶ **鼓励生育政策与经济激励**

最近,政府实行的鼓励生育政策与经济激励也有很大的关系。新婚夫妻不愿意生育的原因可能有很多,但育儿以及子女教育所需的费用太高是首要原因。

出生率急剧下降已成为社会问题。最重要的是,20~30年后经济可能会面临巨大的困难。因为只有人口达到一定规模,才能提供与经济规模匹配的劳动力,才能维持消费市场。例如,新加坡虽然是一个很富裕的国家,但由于人口增长停滞,经济增长受到限制。总之,人口对经济发展至关重要。

忌妒春天的冬天

经济循环的规律

人们喜欢温暖的春天,但不喜欢冬天。

人们总是称赞春天的美丽,等待春天到来。冬天对此感到不满,所以总想找春天的麻烦。

一到春天,心情激动的人们就会在树林里或草原上闲逛。有些人把花摘下来插在恋人头上,甚至还有些人会冒着风雨,去看望远方的朋友,这一切都让冬天无法理解。

于是,冬天便开始指责春天:"一到春天,人们就会做出愚蠢的行为。"

但是春天只是静静地听着冬天的话。

冬天越发来劲,开始炫耀自己的力量:"我可以随心所欲地让人们冻得瑟瑟发抖，我的狂风吹得人们不敢抬头，只能看着地面。人们不敢出门，只好一动不动地守在家里。"

春天露出了宽厚的微笑："人们并不害怕你。你越横行霸道，人们越知道温暖、美丽的春天就要到了。"

就像季节交替一样，经济也会时好时坏。经济好的时候叫"经济景气"，经济不好的时候叫"经济不景气"。如果按

季节来算，经济景气就是春天，经济不景气就是冬天。景气和不景气都会周期性反复出现。

▶ 像季节交替一样循环的经济

先看看什么是经济景气。随着消费不断增加，商品卖得好，企业经营者就会很开心，进而给员工涨工资，生产商品的工厂更好地运转，商品价格也会呈上升趋势。

但是，由于商品价格上涨，消费状况良好，企业纷纷提高产量，会导致消费跟不上。卖不出去的东西会积压在工厂里。从这时开始，经济不景气就开始了。在经济不景气的情况下，企业会减少投资，降低员工的工资，还会急于减少生产，处理卖不出去的东西。因此，物价开始下降，消费支出减少，存款利率也会跟着下降。存款利率下降对经济有好处，因为消费者会把目光转向消费，而不是存钱。于是企业可以再次扩大生产。在这个过程中，经济又会逐渐复苏。

像这样，经济景气和经济不景气会循环出现。但是，并不是直接从经济景气的阶段进入经济不景气的阶段，中间还会经历经济衰退和经济恢复的过程。概括地说，经济循环具有"经济景气→经济衰退→经济不景气→经济恢复"的周期。

知识加油站

经济循环的周期

经济循环完成一个周期需要多长时间？各个经济学家对此有不同的看法，但通常认为短期循环是3~4年，中期循环是9~10年，长期循环是50年左右。

短期循环主要是由企业库存（未售出货物积压的现象）波动造成的。中期循环是由企业设备投资增减造成的。长期循环是由战争、革命等社会变动或技术开发等因素造成的。

短期、中期、长期经济循环不是各自独立的，巨大的长期波动通常伴随着中期和短期循环。

强壮的马和没力气的驴

分配的哲学

一个走村串户的商贩有一匹马和一只驴。他总是在马和驴的背上驮很多东西。一天,商贩准备去另一个村子卖货。那个村子离得很远,那天的货物也比平时重。商贩在马和驴背上装了同样重量的货物。马又高又壮,力气也大,所以并不费力。但是货物压得驴连站着都很困难。

驴看着马,哀求道:"可以帮我背一点儿货物吗?我累得走不动了。求求你。"

马勃然大怒:"你在说什么啊?我也很累!"它无情地拒绝了驴的请求。

驴只好艰难地挪动脚步,结果没走多远就倒在地上累晕了。

商贩见状，说："天啊！我是不是让它驮了太多的货物？它可能病了。"

商贩把驴背上的货物都放在马背上，重量一下子就多了一倍。马一边艰难地移动脚步，一边喃喃自语道："早知道会这样，当时就该答应驴的请求。我真是个傻瓜。"

这个故事告诉我们，无论是强者还是弱者，为了维持生存，必须互相帮助。如果强者只顾自己，不顾弱者，最后只会一起灭亡。历史充分证明了这一点：拥有很多东西的人过分压迫一无所有的人，最终连自己已经拥有的东西都失去了。

以前，那些受人尊敬的富人会在民不聊生的时候，打开自家仓库的门，将粮食分给穷人。因为穷人如果没有食物，为了不饿死，就会变成盗贼，那样的话，有钱的人家就会成为他们的目标。

当倡导保障私有财产，拥护市场经济的资本主义被首次提出时，人们都坚信，只要维持好市场的功能，经济就能持续增长。

但事实并非如此。如果你认为无论是拥有1亿元的人还

生活中的经济学故事 163

是拥有100元的人，只要各自努力，最后得到的结果就会差不多，那就大错特错了。随着时间的推移，有钱的人赚得更多，没钱的人会更穷，这就是所谓的贫富差距。所以，为了解决资本主义存在的问题，出现了共产主义。

马克思认为资本主义最终会因自身的矛盾而灭亡，工人会发动革命。资本主义遭遇了自诞生以来最大的危机。对有钱的资本家来说，这一点尤为不利。

因此，作为替代方案登场的是"修正资本主义"。这个政策提倡政府在一定程度上介入市场，解决贫富差距问题。其中较有代表性的就是累进税制度。也就是说，赚得越多，需要缴纳的税款就越多。政府可以用这些税款为贫困阶层进行二次分配。在部分发达的资本主义国家，这一政策以"社会福利制度"的形式施行。

▶ 伴随经济发展而来的贫富差距

贫富差距拉大是因为钱本身具有的属性。假设一个人拥有几十亿元，只要把这些钱存在银行里，每年就能获得巨额的利息。还可以投资房地产、股票等收益较高的商品。

相反，没有钱的人连活着都很困难，只能靠好不容易赚的钱艰难地生活。因为他们没有其他收入来源，所以会被雇主或有钱人牵着鼻子走。

因为资本是可以继承的，所以资本可能会代代相传，即富人的后代很有可能还是富人，而穷人的后代很有可能还是穷人。如果国家的财富集中在特定阶层，就会成为造成社会不稳定的因素。

得益于长期以来的经济发展，虽然人们的平均生活质量有所提高，但贫富差距越来越大。如果故事里那匹身体强壮的马为驴分担了货物，虽然短时间内可能会很辛苦，但最终会给所有人带来好处。通过这个故事，我们可以思考一下分配的重要性。

知识加油站

先发展还是先分配

关于先发展还是先分配的争论一直很激烈。所谓发展，顾名思义就是优先集中力量发展经济，而分配则是实施经济政策，让经济发展的好处由全体国民平均地共享。

事实上，增长和分配的问题是几乎所有国家都需要解决的问题。但是，这个问题和"先有鸡还是先有蛋"的问题一样，本身就存在矛盾关系。为了追求一方，必然要牺牲另一方。

想一想机会成本的原理，你很快就会明白。如果优先发展经济，必然会出现贫富差距。但如果优先分配，也会有问题，因为不能在什么都没有的情况下进行分配。

经济增长是靠大量投资和扩大产业来实现的。超常的经济增长会带来物价上涨等负面影响。如果分配过度，也会使经济增长变得困难。如何协调这两者，是很考验智慧的。

现在，所有国家都在为实现发展和分配的合理搭配而努力。如果两者配合得当，稳定的经济增长就能实现。

跳进水里的兔子和青蛙

追求幸福的经济学

一天,兔子们聚在一起。聊着聊着,其中一只兔子开始哀叹自己的身世:"一直以来,我们都是鹰和狼这样可怕的野兽的食物。"

其他兔子纷纷附和:"岂止如此?狐狸和蛇一有机会就吃掉我们的孩子。""在这个世界上,没有比我们更可怜、更无助的动物了。我们甚至连不起眼的小虫子都不如。""是啊!如果继续这样下去,我们都会死得很惨。"

最后,它们得出结论:与其每天都在死亡的恐惧中提心吊胆地活着,还不如离开这个世界。

"我们都去跳湖吧!"

兔子们决定跳进湖里，一起离开这个世界。它们立刻成群结队地向湖边跑去。

就在这时，住在湖边的青蛙们听到了兔子们的脚步声，吓了一跳，纷纷跳进水里躲了起来。这时，跑在最前面的兔子看到了这一幕，大声喊道："等一下，朋友们！我们不要无谓地结束自己的生命。大家过来看看这些青蛙。它们比我们更弱小、更胆小！"

等一下！难道我们真的既弱小又不幸吗？

那是什么？

不久前，我在报纸上读到一篇有趣的报道。英国新经济基金对"各国幸福指数"进行调查，结果显示，中南美洲、拉丁美洲的几个国家超过了主要的发达国家，包揽了最幸福国家的前几名。在中南美洲的国家中，人均国民收入只有6500美元（约合人民币4.5万元）的哥斯达黎加的幸福指数排在第1位，美国排在第114位，日本和欧洲国家排在50~70位，都比较低。

当然，幸福是根据健康、性格、收入水平等主观感情来衡量的，因此很难有明确的定义。但事实证明，物质富足并不是幸福的保证。专家也认为个人的幸福程度并不会随着拥有的钱增多而提高。

事实上，也有研究表明，在过去的40年里，尽管发达国家的人均收入不断地增加，但是发达国家国民的幸福程度几乎没有发生变化。为什么呢？

▶ 追求幸福的经济学

其实，上面那个问题的答案是因为欲望。虽然赚到了钱，但由于人类拥有无限的欲望，欲望会随着收入的增加而增加。例如，在一个成功的团体中，如果你认为另一个人更成功，那么本身成功的人也会感觉不快乐。

另外，幸福还可以用一个以物质为分子、欲望为分母的公式来表示：幸福＝物质÷欲望。因此，无论物质如何增加，如果欲望的增加速度更快，不仅不会让人感到幸福，反而会由于过多的欲望得不到满足而让人感到不幸。

那么，幸福的首要条件是什么呢？很多学者认为"令人满意的关系"对个人幸福的影响比收入更大。令人满意的关系是在相互信任中建立的。如果互相信任，而不是互相怀疑，即使物质上相对贫穷，也能感受到生活中的快乐。